Outdoor-Küchen

DOROTHÉE WAECHTER

Outdoor-Küchen

*Im Garten kochen, grillen
und genießen*

Extra:
Anleitungen
zum
Nachbauen

Was Sie in diesem Buch finden

Einführung

Kochen unterm Kirschbaum

Der Garten hat – ebenso wie Balkon und Terrasse – eine immer größere Bedeutung als Lebensraum bekommen. Nach einem arbeitsreichen Tag mit Computerarbeit, stressigen Autofahrten und langwierigen Telefonkonferenzen sehnt man sich nach einem blühenden, ruhigen Umfeld: ein paar Tomaten naschen, an den frisch erblühten Rosen schnuppern und dem Rascheln im Bambus lauschen. So wird die Oase im Freien zum grünen Wohnzimmer. In der Sonne liegen, im Schatten ein spannendes Buch lesen, mit den Kindern im Sandkasten spielen und abends mit Freunden die laue Luft genießen – darin besteht das pure Gartenvergnügen.

Entspannen und zur Ruhe kommen

Mein Mann und ich sitzen den ganzen Sommer über vor allem auf der Terrasse. Wohn- und Esszimmer sind nur noch Durchgangsräume. Das einzig Störende war früher, dass man diese entspannende Atmosphäre zum Kochen verlassen musste. Während im Garten schon kühle Holunderlimonade und ein leichter Weißwein für Erfrischung sorgten, kühlten drinnen die Tränen vom Zwiebeln schneiden. Wir haben angefangen viel zu grillen, was im Sommer naheliegt. Schließlich haben wir uns einen Arbeitstisch dazugestellt, und ruck, zuck entstand eine kleine mobile Gartenküche.
Inzwischen holen wir nur noch das Geschirr und Besteck aus der Küche. Ansonsten leben wir draußen. Die Gartenküche leistet dabei hervorragende Dienste, denn die Entspannung setzt frühzeitig ein. So erlebt man den Garten ganz neu.
Was bei der Gestaltung einer Gartenküche wichtig ist, erfahren Sie im ersten Kapitel. Anschließend habe ich den verschiedenen Grills ein Kapitel gewidmet, damit Ihnen die Kaufentscheidung leichter fällt.

Das Kochvergnügen

In den Wintermonaten haben wir zwar den Arbeitstisch wetterfest verstaut, aber der Grill wird immer wieder angeworfen. Schnell mal eine Pizza backen oder Wintergemüse im Wok garen – für all solche Gerichte benutzen wir häufig nicht mehr Ofen oder Herd, sondern drehen einfach den Gashahn auf und zünden die Flamme. Warum nicht auch in der kalten Jahreszeit?
Natürlich musste noch das eine oder andere Rezept für dieses Buch getestet werden, aber da sich ein Kugelgasgrill schnell erhitzt, entfallen Wartezeiten, und geschmacklich sind die Gerichte viel besser. Auf diese Art haben wir auch schon ein bisschen Sommeratmosphäre in die Wintertage geholt. Die Rezepte finden Sie ab Seite 88, und ich bin überzeugt, dass Sie damit abwechslungsreich und raffiniert kochen – für die Familie ebenso wie beim Sommerfest mit Freunden.

Gemüse und Kräuter frisch geerntet

Vollendet wird die Mischung aus Gartenspaß und Hobbyküche mit selbstgezogenen Kräutern und Gemüsen. Ob zwei, drei Quadratmeter für ein Hochbeet oder gerade mal ein halber Quadratmeter für Salat – es gibt viele Möglichkeiten, Nutzpflanzen in den Ziergarten zu integrieren. Sie werden begeistert sein, wenn Sie ab Seite 106 die Vorschläge studieren. Gleichzeitig erhalten Sie Pflanzenporträts von gängigen Gemüsearten mit zahlreichen Tipps zu Pflege und Sortenwahl.

Ich wünsche Ihnen viel Spaß beim Gärtnern und Genießen!

Ihre Dorothée Waechter

Die wetterfeste Kücheneinrichtung

Wie viel Küche braucht der Garten?

Die Outdoor-Küche braucht nicht so viel Platz wie eine normale Küche, weil es in erster Linie um die Arbeitsflächen geht und nicht um den Stauraum für Küchengeräte, Nahrungsmittel und Geschirr. Daher kommt man in der Regel mit zwei bis fünf Quadratmetern sehr gut aus und hat gleichzeitig jede Menge Möglichkeiten zum Arbeiten.

Auch wenn die neue Anschaffung Ihnen viel Spaß macht und Sie die Erfolge für eine gesellige und kurzweilige Freizeit rasch erkennen, sollte die Gartenküche doch ein Element sein, das sich gestalterisch zurückhält. Behalten Sie einfach im Hinterkopf, dass diese Zone nur wie eine Ergänzung des Sitzplatzes in Erscheinung treten sollte. Keinesfalls darf die Gartenküche optisch zum Mittelpunkt werden.

Pfiffige Leichtigkeit ist Programm

Die Wirkung einer Gartenküche lebt von ihrer Leichtigkeit, was sich auch auf das Kochen überträgt. Das Zubereiten der Speisen sollte nicht als Last angesehen werden, sondern Freude bereiten. Die Wahl der Materialien hat auf diese Wirkung großen Einfluss. Schmale Leisten, natürliche Materialien und knirschende Kieselsteine verkörpern das Gefühl, das man mit diesem Garten als Lebensraum verknüpft.

Um die Outdoor-Küche zu möblieren, gibt es einige sehr exquisite Hersteller von chicen und funktionalen Außenmöbeln. Aber das Projekt muss nicht am Geldbeutel scheitern. Bereits mit zwei Holzregalen, einem Arbeitsbrett und ein paar Körben können Sie ins Vergnügen starten. Denn mit der Leichtigkeit wächst auch der Mut zur Improvisation. Mit der Zeit lässt sich die Gestaltung durch einen Beistellwagen oder ein Regal aus hölzernen Weinkisten ergänzen.

Ein blumiger Rahmen

Der Übergang zwischen Garten und Outdoor-Küche lässt sich mit reich bestückten Pflanzgefäßen gestalten. Leuchtende Ringelblumen und Kapuzinerkresse füllen beispielsweise einen großen Kübel und entfalten in der prallen Sonne ihre ganze Pracht. Hin und wieder kann man ein paar Blüten für den Salat pflücken.

Die orangefarbenen, roten und gelben Blütenfarben werden als warm empfunden und heizen so das sommerliche Flair an. Wenn Ihnen das alles zu warm wird, dann säen Sie einjährigen Rittersporn aus und pflanzen dazwischen weiße Kosmeen, Schneeflockenblumen und Männertreu.

Der Vorteil solcher Gefäße liegt zum einen im Sichtschutz. Dadurch, dass die Pflanzen in einem 40 bis 50 cm hohen Topf wachsen, sind sie genau um diesen Wert höher – und man hat das blumige Treiben auch noch näher vor Augen. Gleichzeitig entsteht eine etwas schattige Atmosphäre. Mit den Sommerblumen bleibt man darüber hinaus flexibel und kann das Farbkonzept anpassen. Denkbar sind aber auch dauerblühende Stauden wie die Präriekerze, Knöterich und ein paar Gräser.

Mein Rat

Überlassen Sie die farbliche Gestaltung der Outdoor-Küche den Accessoires: Blumentöpfe, bunte Vorratskörbe, farbige Tücher und Früchte lockern die Einrichtung schwungvoll auf. Den Ton geben die benachbarten Gartenblumen an.

Ein geeigneter Platz

Der eine hat einen Garten und möchte die Outdoor-Küche integrieren, der andere plant den gesamten Garten neu. Auf den ersten Blick scheint letztere Variante von Vorteil zu sein. Für erstere spricht, dass Sie, wenn Sie sich bereits eingelebt haben, nicht nur das Ambiente kennen, sondern auch die persönlichen Nutzungsgewohnheiten. Das ist vor allem wichtig, wenn es darum geht, einen geeigneten Platz zu finden.

Nahe an der Balkonbrüstung steht der Wagen mit dem Elektrogrill so, dass das Kabel nicht im Weg und eine Steckdose gut zu erreichen ist. Gleichzeitig zieht der Grillduft ab, ohne sich störend breitzumachen.

Lichtsituation zu allen Tageszeiten

Meistens hat man ja so eine Idee, wo Herd und Arbeitsplatz am besten hinpassen. Darauf sollten Sie sich aber nicht verlassen, sondern diese Idee auch kritisch prüfen. Zum Beispiel wäre es schade, wenn die Gartenküche morgens in der Sonne liegt und am Abend im Schatten verschwindet. Gerade die warme Abendsonne ist ideal, weil sich die Umgebung angenehm aufwärmt und es nicht so früh frisch wird. Beschränkt sich die Sonneneinstrahlung ausschließlich auf die Abendstunden, fördert das die Lust, sich in der Gartenküche aufzuhalten, freilich auch nicht.

Praktisch ist es, wenn mittags ein bisschen Schatten vorhanden ist, damit man nicht in der prallen Sonne steht. Hinsichtlich Witterung ist die Luftbewegung ein weiterer wichtiger Punkt. Gerade um Wohngebäude zieht manchmal der Wind recht unangenehm. Zwei Meter weiter rechts oder einen Meter weiter vom Haus weg können die Verhältnisse schon wieder anders sein. Beim Grillen ziehen die Essensgerüche, manchmal auch der Rauch der Holzkohle, nach oben. Achten Sie darauf, um Ärger mit Nachbarn zu vermeiden, und legen Sie die Outdoor-Küche so, dass Sie Ihre Fenster auch dann zum Lüften öffnen können, wenn gekocht wird.

Nicht nur praktisch: ein Dach

Die Loggia, die überdachte Terrasse oder der Überstand am Gartenhaus sorgen für Schutz von oben. Das ist vor allem dann gut, wenn man die Gartenküche auch bei Regen nutzen will. Man muss aber berücksichtigen, dass der Kochdunst nicht so gut abzieht und sich unter Umständen in die Wohnung verteilt, was nicht angenehm ist.

Der Platz unter der Treppe ist ideal für die Küchenzeile mit ausreichend Arbeitsfläche und einem großen Gasgrill. Auch bei Regen fällt die Grillparty nicht ins Wasser, weil für die Gäste im Haus eingedeckt ist.

Zu beachten gilt auch, dass die vom Grill aufsteigende Luft feine Fettpartikel enthält, die sich über kurz oder lang an der Decke absetzen und einen Schmutzfilm bilden. Platzieren Sie Kocher und Grill deshalb immer so, dass die Luft möglichst gut abweht, bevor sie nach oben aufsteigt. Je nachdem, wie hoch das Dach ist, kann es selbst in einer überdachten Outdoor-Küche auch mal etwas stickig werden, weil sich die Wärme staut, was das Arbeiten eher unangenehm macht.

Der Sichtschutz

Neugierige Blicke sind nervig. Für die schnelle Lösung kann man einfach einen Paravent aufstellen. Netter und natürlicher wirken fertige Efeuwände in Kästen. Diese beweglichen Kästen helfen dabei,

der Gartenküche das Gefühl eines Raumes zu geben. Im Garten kann man auch mit einer kleinen Gehölzinsel oder einem zusätzlichen Strauch den Einblick verwehren und so ganz unter sich und unbeobachtet kochen und genießen.

Die Lage der Gartenküche

Optimal wäre es, die Outdoor-Küche auf halbem Weg zwischen Haus und Gartenterrasse aufzubauen. Die sommerliche Nutzung steht nicht zur Diskussion, aber wenn die Temperaturen nicht so richtig warm sind, kann man dann draußen kochen und drinnen genießen. Andererseits ist die Hälfte der Strecke natürlich immer ein relatives Maß, das von der tatsächlichen Gartengröße abhängt. Bewegliche Module sind daher von Vorteil, und selbst

Vorteile der Randlage

Wenn Sie noch gar keine Idee zur Platzierung haben, machen Sie einfach einmal einen Rundgang durch den Garten und betrachten die verschiedenen Blickwinkel vom Rand aus. Die Randlage hat den Vorteil, dass sie durch Hecken, Mauern oder Zäune der Gartenküche optisch – und auch praktisch – einen Halt gibt. Gerade vorhandene Wände kann man gut nutzen, um den Stauraum zu vergrößern und die Outdoor-Küche pfiffig zu gestalten (s. Seite 60 f.). Außerdem kann man sicher sein, dass man hier etwas geschützt arbeiten kann. Hat der Garten ohnehin verschiedene, optisch von einander getrennte Räume, kann man einen der Gartenküche widmen. Ein Arbeitsbereich, ein Sitzplatz zum Essen und eine Bepflanzung aus Gemüse, essbaren Blüten und Kräutern ergänzen sich gut, sodass ein stimmungsvolles Ambiente entsteht.

Eine Frage des Niveaus

Will man Sitzplatz und Outdoor-Küche bewusst voneinander trennen, bieten sich zahlreiche gestalterische Möglichkeiten an. So können Sie beispielsweise die Küche einfach auf einem etwas höheren Erdniveau anlegen. Zwei oder drei Stufen reichen aus, um die Bereiche voneinander abzuheben. Der Vorteil liegt darin, dass man das Gefühl hat, dass der Sitzplatz etwas geschützt wird. Die Geruchsbelästigung ist zwar ohnehin nicht groß, aber so verschwindet sie vollständig.
Eine andere Variante besteht darin, durch ein Beet oder eine kleine Mauer für eine Trennlinie zwischen den Räumen zu sorgen. Wenn Sie dazu Kübel oder Etageren verwenden, sind Sie auch absolut flexibel. Die Bepflanzung darf sich natürlich gern an der Thematik Nutzgarten orientieren. Eine Reihe mit hohen Maispflanzen wächst allmählich hoch, ebenso können stattliche Artischockenpflanzen wie eine Wand wirken. Immer genügend Material zum

Durch die unterschiedlichen Niveaus der Terrassenbereiche wird die Küche von dem Sitzplatz getrennt, aber wer dort Salat oder Teller anrichtet, bekommt die Gespräche am Tisch mit.

wenn man einen Anschluss für Wasser und Strom braucht, lässt sich sicher eine Lösung finden. Grundsätzlich sollte der Abstand zum Sitzplatz gering sein, weil es einfach viel geselliger und lustiger ist, gemeinsam zu kochen.
Wenn die Wohnungsküche mit dem Garten durch eine Tür verbunden ist, besteht die Möglichkeit, die Outdoor-Küche direkt im Anschluss einzuplanen, um die Flächen und Utensilien sowohl drinnen als auch draußen zu nutzen. Außen befinden sich der Grill, einige Arbeitsflächen und eine große Spüle, während im Haus Spülmaschine, elektrische Kleingeräte und der Kühlschrank mit genutzt werden.

Dekorieren des Tisches haben Sie mit Rosensträuchern, die mehrmals blühen. Zu ihren Füßen verteilt man einige Lavendelbüsche, damit sich sommerliche Düfte breitmachen und die Beete eine saubere Abschlusskante haben.

Kochen auf dem Balkon

Ein Balkon bietet zwar meist nicht viel Platz, aber wenn sich hier das sommerliche Leben abspielt, lässt sich auch dort eine kleine Küche einplanen. Wahrscheinlich wird nicht mehr Platz vorhanden sein als für einen Arbeitsblock und den Grill, aber das ist ja auch ausreichend. Schließlich muss man noch die Tischgruppe aufstellen.

Wichtig ist, dass während des Kochens rund um den Arbeitsblock genügend Platz ist und es nicht zu eng wird. Lieber rückt man den Tisch mit einer Kopfseite vor die Wand und macht erst später wieder Platz für den vierten Stuhl.

Bei Balkon-Küchen gilt es ganz besonders, auf Geruchsbelästigung eventueller Mit-Mieter zu achten. Vielleicht laden Sie sie zu Beginn der Grillsaison einmal ein, das lockert das Verhältnis und schafft Verständnis.

Diese Gartenküche liegt ideal zwischen den beiden vorhandenen Sitzplätzen auf der Terrasse und im Wintergarten. Durch die Natursteinmauern wird die Küchenzeile geschickt eingebunden.

Feuerstellen: Lagerfeuer-Romantik im Hausgarten

Orangefarbene Flammen züngeln in das Dunkel der Nacht, während Glühwürmchen in den Beeten tanzen, leise Gitarrenakkorde erklingen und seit Tagen im Kopf umhergeisternde Gedanken Raum bekommen und sich in eine Träumerei verwandeln. Dieses Lebensgefühl lässt uns sehnsüchtig an die Kindheit und Jugend denken. Das war schön. Und wir können uns diesen Zauber zurückholen – in den eigenen Garten. Eine Feuerstelle, nicht zu nah am Haus, gibt dem Alltag eine ganz besondere Note.

Befestigter Platz

Die Feuerstelle kann man dort einrichten, wo ein kleiner befestigter Platz ist oder diese an einer besonderen Stelle im Garten anlegen. Wichtig ist ein fachgerechter Unterbau, damit dieser Platz tatsächlich eben ist und auch am Tag als etwas Besonderes auffällt. Verwenden Sie Steine oder Kies für die Befestigung, weil sie die Wärme speichern und so von unten keine Feuchtigkeit aufsteigen kann. Wichtig ist auch, dass die Feuerstelle im Zentrum steht, damit jeder einen Platz am Feuer bekommen kann.

Feuerkörbe, Felgen und Feuerschalen

Nun wird ein Feuer entzündet, allerdings nicht auf dem Boden, sondern entweder in einer irdenen Schale, einem Feuerkorb aus Eisen oder einer alten Autofelge. Diese offenen Gefäße erleichtern die Entsorgung der Asche und bleiben trocken, wenn man sie bei Regen einfach umdreht.
In die Mulde werden abgelagerte Holzscheite gelegt. Hierbei ist es wichtig, dass man nicht frisches Holz oder Gartenabfälle verbrennt, sondern im

Zweifelsfall Kaminholz verwendet. Nicht abgelagertes Holz ist nass und qualmt heftig – in der ruhigen Stimmung eines Sommerabends kann da schon mal schnell ein Nachbarschaftsstreit entbrennen. Zum Entzünden verwenden Sie Kamin- oder Grillanzünder (siehe S. 76 f.).
Hat das Feuer lange gebrannt, so sollte man nicht gleich am Morgen die Asche entsorgen, denn manchmal ist die Glut in der Mitte noch heiß und man verbrennt sich die Finger. Droht Regen, deckt man die Feuerstelle dann mit einem großen Blumenuntersetzer aus Ton oder einem Stück Wellblech ab.

Sitzgelegenheiten

Plätze rund um das Feuer sind heiß begehrt. Sie können dazu Stühle vom Sitzplatz holen oder die Sitzgelegenheiten bei der Gestaltung gleich mit anlegen. Für Letzteres zieht man entweder eine kniehohe Mauer um den Feuerplatz oder legt einige Findlinge in den Kies. Oder der beim letzten Herbststurm umgekippte Apfelbaum verwandelt sich in eine Bank. Je natürlicher die Sitzplätze sind, desto ruhiger und entspannender ist die Atmosphäre am Feuer.
Halten Sie immer ausreichend Abstand von den Flammen, damit die Kleidung oder gar Personen nicht durch Funkenflug zu Schaden kommen.

Der Schwenkgrill

Wer einen Schwenkgrill hat, wird diese Feuerstelle nicht nur zum Grillen nutzen. Man kann das Feuer frühzeitig bereits am späten Nachmittag entzünden, dann hat das Holz Zeit, die entsprechende

Glut zu entwickeln. Nun schwenkt man bei Bedarf den Grillrost darüber und legt Fleisch und Fisch auf. Zwischen die Kohlen kommen Folienkartoffeln zum Garen, und jeder hält sein Stockbrot über die Kohlen.

Beim Schwenkgrill kommt es darauf an, dass man den Rost leicht über den Kohlen schwenkt. Will man die Temperatur etwas drosseln, zieht man den Rost an der Kette nach oben, sodass der Abstand zu den Kohlen größer wird. Solange die Holzkohle noch heiß ist, kann man bereits die ersten Holzscheite wieder auflegen, damit das Feuer wieder entfacht wird und der Tag in aller Ruhe mit viel Romantik ausklingen kann.

Gerade für Kinder ist ein solches Ritual immens wertvoll, weil sie die Gemütlichkeit genießen. Sie lernen, dass man mit einfachen Mitteln etwas ganz Besonderes erleben kann. Und die Erwachsenen fühlen sich – ganz nostalgisch – an ihre Kindheit und Jugend erinnert.

Der Gartenkamin

Statt einer offenen Feuerstelle bietet sich ein gemauerter Kamin am Sitzplatz an. Verschiedene Modelle gibt es als fertigen Bausatz im Handel. Sie werden so aufgestellt, dass die abstrahlende Wärme den Sitzplatz in den Abendstunden erwärmt. So können Sie die Sommerabende auch in unseren Breiten voll auskosten.

Kamine mit einem klassischen, quaderförmigen Brennraum haben in der Regel Einschubleisten für einen Grillrost. So kann man die erste Glut nutzen und sich ein Steak oder fangfrische Fische zubereiten. Anschließend werden abgelagerte Holzscheite aufgelegt, um der abendlichen Stimmung Wärme und die Romantik der züngelnden Flammen zu schenken.

Der Vorteil des Gartenkamins sind die gewohnt bequemen Möbel und die geschlossene Brennkammer.

Ein Schwenkgrill bietet nicht nur einen Rost für Fleisch und Würstchen, sondern anschließend auch Lagerfeuerromantik: das passende Ambiente für Geschichten, Lieder und Träumereien.

Das Material gibt den Ton an

Die Materialien, aus denen eine Gartenküche gebaut wird, sind sehr verschiedenartig: Holz, Natur- und Kunststeine und Edelstahl bilden die drei wichtigsten Gruppen, die man gut miteinander verbinden kann.

Die Witterungsbeständigkeit steht im Mittelpunkt. Eingefleischte Grillfans sind häufig auch Heimwerker, sodass Materialien, die sich leicht in der kleinen Kellerwerkstatt bearbeiten lassen, beliebt sind. Gleichzeitig spiegeln die verwendeten Baustoffe den Kochstil, den man pflegt. Wer traditionell grillt, wird auf Holz und Klinkersteine setzen. Eine Edelstahlküche deutet auf eine leichte Gourmetküche hin. Und Liebhaber der sommerlich mediterranen Küche richten ihre Kochecke gern mit einer Mischung aus Bauholzmöbeln und Zinkaccessoires ein. Da fühlt man sich so wohl wie auf der Terrasse einer mallorquinischen Finca.

Eine Frage des Gartenstils

Genauso wichtig wie die persönliche Vorliebe für eine bestimmte Kochrichtung ist die Einbindung der Outdoor-Küche in das Gesamtensemble von Haus und Garten. Das Material spielt hier eine besondere Rolle, weil man damit bestimmte Verknüpfungen schaffen kann.

Wer den Sitzplatz mit Natursteinen gestaltet hat, wird sicher für den Boden der Gartenküche das gleiche Material wählen. Eventuell wird der Bereich durch ein kleinteiliges Pflaster oder Splitt befestigt, aber der Stein bleibt der gleiche. Holzdecks im Garten legen die Verwendung von Holz beim Arbeitsbereich und einen Lamellenzaun als Sichtschutz nahe. Nahezu unauffällig wirkt eine Edelstahlküche zwischen Gartenmöbeln aus dem gleichen Material und Holz.

Eine technische Note

Der formale Garten setzt auf klare Linienführung und geometrische Formen. Die Materialien sind hochwertig, sodass alles für eine Kombination von edlen Hölzern und Edelstahl spricht, weil man die Formensprache aufnehmen kann.

Das funktionale Design spiegelt sich auch in dem Grill wider. Profigeräte im Großformat – mit Gas betrieben und vielen Raffinessen ausgestattet – bilden den Mittelpunkt der Küche. Es sei denn, man setzt auf eine ganz schlichte Teppan-Yaki-Platte oder eine Profi-Griddle-Platte.

Beim Holzkohlengrill wird man sich entweder für den kugeligen, schwarzen Klassiker oder den Gabionengrill (siehe S. 78 f.) entscheiden. Voraussetzung für letztere Variante ist, dass Gabionen auch für Sichtschutz oder als Raumteiler verwendet werden.

Ländliches Ambiente

Eine rustikale Atmosphäre passt zum Landhausgarten ebenso wie zu einem klassischen Hausgarten. Holz wird als Material zum Wohlfühlen empfunden, und Klinkersteine haben Tradition.

In diesem Stil kann man die Materialverwendung auch für die Gartenküche fortsetzen. Ideal sind gemauerte Grills und Küchenblöcke, die ihren festen Platz neben dem Sitzplatz haben. Die englische Note lässt sich unterstreichen, indem man Holzelemente farbig streicht. Ein dunkles Rot, das klassische Grün oder ein dunkles Blau in Kombination mit cremefarbenen Leisten verheißen britische Eleganz.

Passen solche Elemente zum Garten, aber nicht zur Architektur des Wohnhauses, versteckt man die

Holz, Steine und Edelstahl verbinden sich bei der Einrichtung dieser Gartenküche gut miteinander und schenken dem Raum eine romantische Atmosphäre mit modernem Pfiff.

Gartenküche in einem eigenen Gartenraum hinter Hecken. Die Überraschung bringt Spannung in das gesamte Ensemble.

Vintage und ein bisschen Shabby-Chic

Metallregale in kühlen Pastelltönen, gekalktes Bauholz, alte Klinkersteine, Zinkblech und Kieselsteine passen in den sommerlichen Blumengarten, der mit Cottageelementen spielt. Solche Romantik entführt in eine andere Welt und vermag selbst einem kühlen Neubau eine Seele zu verleihen. Voraussetzung für ein gutes Beziehungsgefüge ist der rote Faden dieser Gestaltungsidee, damit sie ihre volle Kraft entwickelt. Dieses Motto kann sich in einem Farbkonzept, ähnlichen Gefäßen und deren blütenreicher Bepflanzung fortsetzen.

Für ein natürliches Ambiente: Holz

Holz bringt den großen Vorteil einer leichten Bearbeitung mit sich. Sie können den Boden Ihrer Outdoor-Küche damit befestigen, und besonders beliebt ist Holz natürlich als Werkstoff für Möbel, Accessoires und Kleinteile.

Wandlungsfähiger Werkstoff

Für Bodenbeläge aus Holz, sogenannte Holzdecks, werden Harthölzer mit einer Imprägnierung verwendet, die die Witterungsbeständigkeit erhöht. Die Form lässt sich individuell an die Grundfläche anpassen.

Für den Einsatz im Kochbereich des Gartens eignet sich Holz, weil man bequem darauf steht. Allerdings muss man wissen, dass Fettspritzer Flecken hinterlassen. Diese bleichen ähnlich wie Verschmutzung in der Sonne aus. Doch nicht jeder hat die Geduld, und mancher empfindet die Flecken als schmuddelig. Nach Regen und bei kühlen Temperaturen kann es zudem zu einem schmierigen Algenfilm auf dem Holz kommen. Dann muss man aufpassen, dass man nicht ausrutscht.

Tisch und Stühle aus Holz lassen sich gut mit Holzmöbeln in der Küche verbinden. Ein großer Vorteil liegt darin, dass man das Material gut selber verarbeiten kann und sich die vor allem Kleinmöbel und rollbare Küchenwagen (siehe S. 42 f. und 32 f.) auch selber schreinern kann. Ein weiterer Pluspunkt ist die Möglichkeit des farbigen Anstrichs. Streicht man die Rückwand der Outdoorküche, die aus einem Lamellenzaunelement gefertigt wurde, ändert sich die Stimmung in der Outdoor-Küche. Nach ein paar Jahren kann man die Farben auffrischen oder ein neues Farbkonzept ins Spiel bringen.

Bauholz hat einen besonderen Charme, weil es rustikaler wirkt. Gleichzeitig ist es sehr stabil. Mit einem Kalkanstrich bekommen Tische, Kommoden und Regale einen Hauch von Vintage-Stil.

Die vertikalen und horizontalen Holzlatten ergänzen sich in dieser Küche gut. Das Material der Küchenfront wird im Sichtschutz an der Mauer aufgenommen, wodurch das Ensemble besonders harmonisch wirkt.

1 Nadelholz: Lärche

Lärchenholz übertrifft alle heimischen Nadelhölzer an Festigkeit. Es ist elastisch und zäh. Vor allem das Kernholz hat eine sehr gute Witterungsbeständigkeit vorzuweisen. Es lässt sich streichen und wachsen, allerdings nicht beizen. Struktur und Färbung können durch eine farblose Lasur verstärkt werden. Grundsätzlich braucht Lärchenholz eine ausreichend lange Lagerung, da es dazu neigt, an den Kanten zu reißen. Eine sorgfältige Verarbeitung ist wichtig.

2 Laubholz: Eiche

Eichenholz zählt zu den schweren und harten Hölzern aus heimischen Wäldern. Es wird häufig als Bau- und Konstruktionsholz verwendet, weil es sehr gute Eigenschaften hinsichtlich Festigkeit und Witterungsbeständigkeit hat. Die Oberfläche kann mit Beize, Mattierung oder Kalk behandelt werden. Ist das Holz der Witterung ausgesetzt, färbt es sich grau. Voraussetzung für die hochwertigen Eigenschaften ist eine schonende Trocknung.

3 Tropenholz: Bankirai

Bankirai zählt zu den Harthölzern, die sehr häufig im Garten verwendet werden. Es ist formstabil und witterungsbeständig. Verarbeitet man das Holz selber, muss man die Löcher für Schrauben vorbohren, so hart ist es. Damit die Schnittkanten nicht tief aufsplittern, sollten sie mit einem wasserfesten Leim bestrichen werden. Will man verhindern, dass das Holz vergraut, behandelt man es mit einem speziellen Öl.

Robust: Naturstein und Beton

Die vorrangige Verwendung von Stein besteht in der Befestigung des Untergrundes. Das Material hat sich in der Beständigkeit bewährt und überzeugt, weil es pflegeleicht ist. Wiederholt man die Steinart in der Gesamtgestaltung, kommt es zu einer harmonischen Verbindung. So kann man beispielsweise auf vorhandene Natursteinmauern Bezug nehmen, indem man eine Mauer aus dem gleichen Material als Abschluss für einen Arbeitsbereich hochzieht.

Während Natursteine exklusiv sind, kommt man mit Betonsteinen zu kostengünstigen Lösungen. Mit etwas Fantasie wirkt die Verwendung pfiffig. So wurden etwa die Rasenkantensteine der gemauerten Küche auf Seite 48 einfach mit farbigen MDF-Platten verkleidet.

Gebrannte Steine

Klinker, die frostfest sind, können als Bodenbelag verwendet werden. Die rotbraune Farbe ist sehr angenehm und vermittelt eine ländliche Atmosphäre. Allerdings muss man darauf achten, dass die Kleinteiligkeit des Materials nicht störend und unruhig wirkt. Außerdem vermoosen Klinkersteine bei Feuchtigkeit schnell.

Ideal sind Klinkersteine für Mauern. Diese können gestalterisch beispielsweise vor eine hässliche Garagenwand gesetzt werden und verwandeln die Gartenküche so in ein romantisches Eckchen. Hier entwickeln gebrauchte Klinker einen besondern Charme, weil sie mit ihrer unterschiedlichen Färbung und den Gebrauchsspuren Geschichten erzählen.

Stein und Metall

Gabionen integrieren mittels Metallkörben und Natursteinen bauliche Elemente in den Garten. Sie können sie als Sockel für Arbeitsfläche und Raumteiler verwenden und auch einen Grill daraus bauen. Anregungen hierzu bietet auch der Grill auf Seite 78 ff.

Kieselsteinen macht es nichts aus, wenn aus dem Feuerkorb ein glühender Span herausfällt. Selbst Fetttropfen sieht man nicht, weil das Material in der Färbung ohnehin variiert.

1 Strandfeeling: Kies und Splitt

Wenn man an einem Sommertag über das knirschende Material läuft, denkt man unweigerlich an den Urlaub am Meer. Als Bodenbelag sind sowohl Kies als auch Splitt, die als lose Schüttung auf den fachgerechten Unterbau aufgebracht werden, sehr angenehm und vor allem unempfindlich in Hinblick auf Verschmutzungen. Allerdings ist das Laubkehren im Herbst mühsam, und man muss darauf achten, dass sich keine Unkräuter dazwischen ansiedeln.

2 Formal: Betonpflaster

Für grafische Muster auf dem Boden gibt es Betonpflastersteine. So kann der Bereich der Outdoor-Küche optisch markiert werden. Das ist gerade dann interessant, wenn man auf eine vollkommen mobile Lösung setzt. Der Stein ist pflegeleicht und strapazierfähig. Da die Poren geschlossen sind, trocknet er schnell ab, und es bilden sich nur selten Moos und Algen.

3 Homogen: Naturstein

Die Hochwertigkeit von Natursteinen ist unbestritten. Sie werden in vielen verschiedenen Qualitäten und Sorten angeboten. Offenporige Steine wie Sandstein sind empfindlich, was Flecken betrifft. Dunkle Steine wie Grauwacke und Granit erwärmen sich über Tag. Da die gespeicherte Wärme am Abend abgegeben wird, entsteht ein angenehmes Klima.

Kühl oder romantisch: Metall

Während Holz und Steine als Bodenbelag eine zusätzliche Bedeutung haben, wird Metall für Möbel und nützliche Kleinteile verwendet. Alle Metalle erfordern bei der Verarbeitung besondere technische Fertigkeiten und Werkzeug, sodass man in der Regel auf fachliche Unterstützung eines Werkstattbetriebs angewiesen ist.

Für Küchenmöbel wird wegen seiner Wetterfestigkeit vor allem Edelstahl verwendet. Da der Werkstoff sehr stabil ist, kann man aber auch Konstruktionsteile daraus fertigen lassen, zum Beispiel einen Unterbau für eine schwere Arbeitsplatte aus Naturstein.

Mit Rahmen aus Edelstahl werden Wände angedeutet. So entsteht ein Raumgefühl, das dazu beiträgt, die Gartenküche von anderen Räumen im Garten abzugrenzen. Gleichzeitig kann man an den Bögen Utensilien aufhängen, um den Stauraum zu vergrößern, oder einen Sonnenschutz daran befestigen.

Zink und Eisen

Als witterungsbeständig erweist sich auch Zink, doch aufgrund der matten Oberfläche wirkt es nicht so technisch. Als Arbeitsfläche, für Rollboxen oder Verkleidungen kann das graue Material verwendet werden. Zinkwannen vom Trödler leisten in der Outdoor-Küche gute Dienste, um Getränke zu kühlen oder Vorräte zu lagern.

Eisen rostet schnell. Diese Eigenschaft kann zum Stilelement werden, allerdings muss man es mögen. Die rotbraune Farbe von Rost fügt sich sehr harmonisch in die natürliche Gartenumgebung ein und passt beispielsweise gut zu Klinkersteinen. Andererseits kann man Eisenmöbel auch mit einem farbigen Anstrich versehen und so optisch Akzente setzen. Wichtig ist, dass man zuvor den Rost gründlich entfernt und einen Rostschutz aufträgt.

Schlichte Bewährungseisen können in der Outdoor-Küche zweckentfremdet werden. Man biegt sie zu einem Bogen, verankert sie mit einem Fundament im Boden und kann so den Raum optisch eingrenzen. Da das Material rau ist, winden sich Kletterpflanzen leicht daran empor und schmücken die schlichten Bauelemente mit einer Blütentapete. Oder man stellt Kübel daneben auf und bepflanzt sie mit Tomaten, die an den Eisenstangen den notwendigen Halt finden.

Die Metallbögen über dem Küchenblock bieten jede Menge Platz, um Utensilien aufzuhängen. Wenn die Sonne zu heiß wird, kann man auch Leinentücher als Schattierung darüberspannen.

1 Nützliches Zubehör

Fleischerhaken, Metallketten und Körbe sind aus Metall. Sie leisten viele gute Dienste, und es bietet sich an, irgendwo eine Vorratsbox mit diesen Metallutensilien zu haben. Sie sind witterungsbeständig und helfen beim Aufhängen von all den Kleinigkeiten, die man rund um die Outdoor-Küche immer griffbereit haben möchte. Wählen Sie möglichst eine gute Qualität, die nicht rostet, also aus Edelstahl oder verzinkt, weil dann keine hässlichen Flecken hinterlassen werden.

Das System der Leisten ist praktisch: Man befestigt sie mit Schrauben an der Wand und schiebt Metallhaken oder Halteklammern ein. An die Haken können die weißen Kräutertöpfe gehängt werden. Wichtig: Die Töpfe haben kein Loch als Wasserabfluss. Also hängt man sie am besten geschützt auf. Übrigens können Sie die Töpfe natürlich auch für Kochlöffel, Schälmesser oder ein Schwammtuch verwenden.

2 Mit professioneller Note

Edelstahloberflächen werden in Profi-Küchen eingesetzt, weil sie leicht und gründlich zu reinigen sind. In der Outdoor-Küche haben sie sich darüber hinaus bewährt, weil das Material witterungsbeständig ist. Selbst stehendes Wasser kann dem Material nichts anhaben. Wird eine Arbeitsfläche aus Edelstahl auf Holz fest montiert, muss man darauf achten, dass die Übergänge gut verarbeitet sind, damit das Holz nicht feucht wird. Besser sind reine Edelstahltische.

Eine lose Edelstahlplatte in der Größe des Spülbeckenausschnitts hat zwei Vorteile: Der Platz kann optimal auch zum Arbeiten genutzt werden, und es kann sich kein Schmutz im Becken sammeln, wenn man es nicht nutzt. Zwischen der Platte und der Rückwand verhindert eine breite Fuge stehendes Wasser bei Regen.

Die Elemente der Outdoor-Küche

Elemente zum Grillen, Braten und Kochen gehören in jede Gartenküche, das ist unbestritten. Hinsichtlich der anderen Bereiche stellt man sich zu Recht die Frage, was unbedingt notwendig ist und worauf man verzichten kann. Das Wichtigste sind auf jeden Fall Arbeitsflächen und Stauraum. Entscheidend dafür, dass die Arbeiten leicht von der Hand gehen und man gemeinsam mit Freunden dem Hobby des Kochens nachgehen kann, ist jedoch auch, wie alle Bereiche zueinander angeordnet sind.

Der fahrbare Küchenwagen ist praktisch, weil man seine Position verändern und überraschend viel darin verstauen kann. In der kalten Jahreszeit leistet er in der Innenküche gute Dienste.

Arbeitsfläche

Wer für ein Essen im Freien Vorbereitungen trifft, braucht Platz zum Arbeiten. Pro Person rechnet man etwa 50–60 cm. Nach diesen Maßen sind bei fertigen Gartenküchen auch Module wie Grillplatte und Spüle berechnet.

Für die Arbeiten ist jedoch nicht nur die Breite, sondern auch die Tiefe wichtig. Ideal ist es, wenn man, wie in der Küche, ca. 60 cm zur Verfügung hat. So kann man vorne arbeiten und hinten Zutaten oder Schüssel sicher hinstellen. Sollte diese Fläche nicht vorhanden sein, empfiehlt sich ein Servierwagen, den man während der Vorbereitungen zum Abstellen nutzt.

Unter der Arbeitsfläche bietet es sich an, Utensilien zu lagern. Achten Sie darauf, dass nichts nach vorne heraussteht und Sie bequem etwas Freiraum für die Füße haben. Schließt der Block vorne bündig ab, muss man immer leicht schräg stehen, was unbequem und auf längere Zeit auch anstrengend ist.

Die klassische Küchenzeile

Sind die Bereiche in einer Reihe nebeneinander angeordnet, bildet die Küche eine Einheit. Allerdings stehen die Köche dann ebenfalls nebeneinander, was nicht sehr gesellig ist. Und wenn noch dazu der Grill in der Mitte steht, zischt und spritzt es, was nicht angenehm ist.

Bildet der Grill, was häufig der Fall ist, eine eigene Einheit, sollten Sie diesen nur dann in die Reihe

Fertige Küchen werden in Modulen angeboten, die sich beliebig kombinieren lassen. In diesem Fall liegen außen zwei Arbeitsflächen und dazwischen die Spüle sowie eine Teppan-Yaki-Platte.

schieben, wenn Sie nicht im Garten sind, damit alles ordentlich aussieht. Trifft man sich mittags oder abends zum Kochen, dann zieht man ihn vor und stellt ihn etwa im rechten Winkel zur Arbeitsfläche auf.

Die Winkelküche

Zwei Arbeitsflächen im rechten Winkel zueinander haben den Vorteil, dass man dichter beieinander steht – aber, zumindest in der Mitte, einander auch meist den Rücken zuwendet. Außerdem entsteht

an der Stelle, wo sich die Bereiche überlappen, ein toter Raum im Bereich der Abstellflächen. Sind die Elemente rundum offen, kann man von außen diese Flächen nutzen. Ist die Küche dagegen in eine Mauerecke gebaut, helfen Boxen, diesen Raum optimal zu nutzen.

Der freistehende Arbeitsbereich

Dagegen bietet ein frei im Raum stehender Arbeitsblock vier verschiedene Arbeitsplätze und Blickwinkel. Als Ersatz für die begrenzende Wandfläche, die

beim Verstauen von Utensilien nützlich ist, kann man großzügig einen Metallbogen über den Block bauen. An ihm hängen Pfannen, Küchenhelfer und Kräutertöpfe, die so immer griffbereit sind.
Für die Stimmung ist ein zentraler Arbeitsblock ein großer Gewinn, denn alle bewegen sich um diesen Bereich herum. Stellt man zwei Arbeitsfelder mit der breiten Stirnseite aneinander, arbeitet nicht einer einsam, sondern man kann sich anschauen, bequem etwas herüberreichen und die Zeit für gute Gespräche nutzen.

Stauraum

Wenn von Stauraum die Rede ist, dann geht es bei der Outdoor-Küche darum, wo Grillkohle gelagert, eine Reserve-Gasflasche unsichtbar verstaut, Töpfe, Pfannen und Bleche untergebracht werden. Dieser Stauraum muss besonderen Anforderungen genügen, denn er muss einerseits etwas geschützt, andererseits auch gut durchlüftet sein, damit Feuchtigkeit abtrocknet. Die ideale Staufläche befindet sich grundsätzlich unterhalb der Arbeits-

Die Arbeitsbereiche werden so zueinander angeordnet, dass mehrere Personen ungehindert arbeiten können. Außerdem ist es wichtig, Abstand zwischen dem Wasserbereich und dem Herd zu halten.

platte, weil diese den erforderlichen Schutz von oben bietet. Schließt die Arbeitsfläche auf einer Seite mit einer Wand ab, wie beispielsweise bei der gemauerten Gartenküche auf Seite 48, entsteht eine Box, die man entweder nach vorne offen lässt oder mit Tüchern, einem Rollo oder Strohmatten verdeckt. So wird verhindert, dass bei Wind zu viel Dreck zwischen die Sachen weht, und auch der Regen wird etwas abgehalten. Gleichzeitig kann die Luft gut zirkulieren.

Die Stellfläche lässt sich leicht dadurch vergrößern, dass man mehrere Regalebenen einzieht. Die Gefahr bei solchen flachen Einschüben ist natürlich, dass man die hinteren Bereiche nicht wirklich nutzt und irgendetwas schlichtweg vergessen wird.

Will man dekorativen Stauraum in einem überdachten Bereich schaffen, kann man ähnlich wie in einem Wohnraum ein Sideboard oder ein Metallregal aufstellen. Hier ist Platz für Kisten, Dosen und Ähnliches, das den Inhalt gut vor Nässe schützt. Grundsätzlich sollte man aber auch nicht zu viel Stauraum schaffen, um zu verhindern, dass man in der Outdoor-Küche den Durchblick verliert und zu viele Dinge einlagert, die nicht genutzt werden.

Beleuchtung

Lampen sind in der Outdoor-Küche nicht zwingend notwendig. Wenn man allerdings welche einplant, dann sollten sie so montiert sein, dass das Licht von oben auf die Arbeitsbereiche fällt. Die Leuchtkörper sollten so nach oben abgeschirmt sein, dass sie nicht blenden. Es macht auch Sinn, nur indirekt für Licht im Bereich der Arbeitsplatte zu sorgen. Die Helligkeit lockt nämlich Nachtfalter an, die andernfalls immer wieder in die Speisen fallen. Daher ist es auch grundsätzlich gut, wenn man so wenig Lichter wie möglich anmacht. Ein paar Kerzen oder Teelichter reichen aus, um eine stimmungsvolle Atmosphäre zu zaubern.

Ein Servierwagen erweist sich als flexibler Helfer mit viel Abstellfläche. Er wird so hingestellt, dass die Arbeiten leicht von der Hand gehen. Meist arbeitet man intuitiv richtig.

Eine gute Anordnung

Bei den Arbeitsabläufen ist wichtig, ob man Rechts- oder Linkshänder ist, denn die Gewohnheiten sind in der Regel genau entgegengesetzt. Während der Rechtshänder einen Topf oder eine Pfanne rechts von der Herdplatte abstellt, greift der Linkshänder in die andere Richtung. Ähnlich ist es mit dem Schneiden und Spülen. Nun ist die Outdoor-Küche kein Profi-Studio, und zum Glück braucht man sich mit den fahrbaren Modulen auch nicht festlegen. Sie können immer etwas ändern oder die Bereiche umstellen. Nur bei den fertigen Gartenküchen, zu denen wir beispielsweise auf Seite 42 und 32 Bauanleitungen zeigen, sollte man genau darauf achten, in welche Richtung man arbeitet, und die Anordnung gegebenenfalls spiegeln.

Nur manchmal nötig: Stromanschluss

Wer mit Gas grillt, kann auf einen Stromanschluss gut verzichten, weil es andere Kochmöglichkeiten gibt. Will man aber zusätzlich eine Herdplatte, einen kleinen Ofen oder einen Kühlschrank in Betrieb nehmen, braucht man den Anschluss ans Netz. Natürlich können Sie auch Infrarotstrahler oder Terrassenheizungen an den Stromkreislauf anschließen. Aber man sollte sich grundsätzlich fragen, ob diese Stromfresser wirklich notwendig sind. Ein paar kuschelige Wolldecken, ein Platz nahe am Feuer oder Holzscheite auf dem Gartenkamin sind sicher genauso wärmend – und bei weitem nicht so teuer und umweltbelastend. Der Stromanschluss wird von der Garage oder vom Haus aus verlegt. Wichtig ist, dass alle Steckdosen im Außenbereich vom Haus aus geschaltet werden können. So kann man den Stromkreis im Garten ganz einfach außer Betrieb setzen. Das ist nicht nur dann praktisch, wenn man in den Urlaub fährt.

Sicherheit groß schreiben

Steckdosen und Kabel, die man im Freien verwendet, müssen für den Außenbereich geeignet sein. Damit kein Wasser eindringen kann, haben die Dosen meist einen Deckel und sind mit einem festen Gummi ummantelt, der auch Temperaturunterschiede verträgt.
Beauftragen Sie für die fachgerechte Grundinstallation immer einen Fachmann. Schon ein kleiner Fehler kann tödliche Folgen haben. Eine fachgerechte Installation bringt Sicherheit. Außerdem kann der Elektriker Sie in der Auslegung beraten, weil Geräte wie Öfen, Wasserkocher und Elektrogrill eine hohe Leistung haben. Wird das Netz überlastet, fliegt die Sicherung, was der Sicherheit dienlich, aber dem Vergnügen abträglich ist.

Leerrohre

Für die Verlegung werden ausschließlich Erdkabel verwendet. Am besten führt man sie durch Leerrohre, die auf einer Tiefe von 50 cm verlegt werden. So besteht keine Gefahr, dass man beim Graben mit dem Spaten das Rohr beschädigt oder gar das Kabel durchtrennt. Die Leerrohre sollten möglichst waagerecht und gerade in der Erde liegen.
Bevor man die flexiblen Rohre verlegt, zieht man einen sogenannten Zugdraht ein, der das Einfädeln von Kabeln und Schläuchen erleichtert. Achten Sie beim Schließen der Baugrube darauf, dass das Leerrohr nicht von größeren Steinen zugedrückt wird. Bei steinigen Böden ist es besser, wenn man das Leerrohr mit Sand abdeckt.

Gut verteilt: Steckdosen

Als Ausgangspunkt für die Stromversorgung kann man natürlich eine Steckdose an der Hauswand, zum Beispiel auf der Terrasse oder am Kellereingang, verwenden. Leicht lassen sich aber auch aus der Keller- oder Garagenwand heraus neue Leitungen legen. Am Mauerwerk werden die Leitungen mit Kabelhaltern fixiert. Auch an Zäunen lassen sich Kabel gut entlangführen. Mit Kabelbindern befestigt man die Leitung in dichtem Abstand, damit nichts auf den Boden herunterhängt.
Hat man das Kabel an eine Ecke des Gartens gezogen, so kann man eine Verteilerdose anschließen, die mit einem Erdspieß in den Boden befestigt wird. So können Sie nicht nur die Gartenküche anschließen, sondern auch noch ein paar Lampen in Betrieb nehmen, um die Kulisse in Szene zu setzen. Wählen Sie keine zu weiten Strecken für die Kabel, und seien Sie in dem entsprechenden Bereich be-

Eine Steckdose im Außenbereich muss den besonderen Sicherheitsbestimmungen für diese Nutzung entsprechen. Dazu gehört beispielsweise die Abdeckklappe, die verhindert, dass Feuchtigkeit eindringt.

sonders vorsichtig bei der Bodenbearbeitung. Hilfreich sind rote oder orangefarbene Kabel, die man leicht auf dem Boden erkennt.

Kabel, die für den Außenbereich zugelassen sind, haben eine besonders kräftige Ummantelung, die nicht nur vor Schäden, die durch die Gartenarbeit mit spitzen und scharfen Geräten hervorgerufen werden können, sondern auch vor Versprödung durch Witterungseinflüsse schützen soll. Probleme können aber auch durch Fraßspuren, beispielsweise von Mäusen, an den Kabeln verursacht werden. Daher sollte man die Leitungen im Garten in regelmäßigen Abständen überprüfen und gegebenen-

falls einen Fachmann zu Rate ziehen, wenn beispielsweise die Sicherungen immer wieder ausgelöst werden.

Sonnenenergie nutzen

Für kleine Verbrauchseinheiten wie Ladegeräte und LED-Lampen kann man mit Solarmodulen arbeiten. Sie nutzen die Sonne tagsüber und speichern Energie. Kleine Solarpanels erhält man zu erschwinglichen Preisen und mit guter Leistung im Fachhandel für Outdoor-Sport.

Wasser, marsch!

Ein Spülbecken erleichtert die Arbeit in der Garten-küche immens. In der Regel befindet sich irgendwo am Haus, neben der Garage oder an der Terrasse ohnehin ein Anschluss für den Gießschlauch. Mit Wannen, Eimern und dem frischen Strahl aus dem Gartenschlauch kann man sich behelfen. Aber eben auch nicht mehr. Wer sich für eine Gartenküche entscheidet, sollte an diesem Punkt nicht sparen. Wie Sie auf Seite 56 f. sehen, gibt es praktische und schöne Lösungen für ein Spülbecken.

Zur Installation braucht man zum einen die Zufuhr von Frischwasser und zum anderen eine Möglich-keit zur Entsorgung des sogenannten Grauwassers. Beide Installationen können mit Hilfe von Schlauch-kupplungen vorgenommen werden.

Trinkwasser

Die Voraussetzung für die Zufuhr von frischem Wasser aus dem Leitungsnetz ist der Wasser-anschluss im Garten oder auf dem Balkon. Liegt dieser in größerer Entfernung von der Gartenküche, gilt es zu entscheiden, ob man den Schlauch auf der Erde zwischen den Blumen verlegt oder ihn tiefer im Boden in einem Leerrohr verschwinden lässt. Ein solches Leerrohr hat den Vorteil, dass der Schlauch geschützt liegt. Außerdem sieht es besser aus. Allerdings muss man graben und vielleicht an ein paar Stellen Pflanzen ausgraben und/oder den Rasen aufnehmen. Das macht Mühe, und es dauert auch ein bisschen, bis diese Eingriffe wieder zuge-wachsen sind.

Abwasser

Wasser, das nur zum Waschen von Gemüse oder Salat verwendet wird, kann man im Prinzip ins Beet als Bewässerung laufen lassen. Spülwasser mit Reinigungsmitteln und Fett- oder Speiseresten muss dagegen entsorgt werden.

Das Abwasser wird in einem großen Wasserkanis-ter gesammelt. Dieser kann über ein Ausgussbe-cken im Keller entleert werden. Für die Mengen muss man erst ein Gefühl bekommen. Camping-liebhaber und Segler haben Erfahrung, dass irgend-wann der Vorratsbehälter voll ist. Meist geht das schneller, als man denkt, und daher sollte man den Füllstand unbedingt regelmäßig kontrollieren.

Selbst auf dem Balkon ist es praktisch, wenn man nicht nur einen Arbeitsbereich, sondern auch ein Spülbecken hat, in der man den Salat waschen oder rasch einen Topf ausspülen kann.

1 Zufluss fixieren

Das Leitungswasser wird über einen Gartenschlauch der Armatur zugeführt. Damit die Konstruktion Stabilität bekommt und fest sitzt, wird der Schlauch durch ein Loch im Rahmen geführt und mit einer Schlauchkupplung fixiert. Das Ende wird ebenfalls mit einem Kupplungsmodul für Gartenschläuche direkt an der Armatur (siehe Bild S. 35 Mitte, Schritt 7) eingeklinkt. So kann man den Anschluss schnell lösen, wenn man den Standort wechselt.

2 Ablaufrohr anbringen

Unter dem Spülbeckenauslauf wird das Rohr für Schmutzwasser angesetzt. Es muss mit einem durchsichtigen Schlauch für Abwasser verbunden werden. Die unterschiedlichen Durchmesser werden mit Hilfe eines Fahrradschlauchs zusammengebracht. Zunächst wird der Schlauch über die dicke Öffnung mehrere Zentimeter an dem starren Rohr nach oben gezogen. Achten Sie darauf, dass der Schlauch wirklich fest sitzt. Nun wird das andere Ende des Fahrradschlauchs mit einer Schlauchklemme am Gartenschlauch befestigt.

3 Den Wasserablauf regeln

Das starre Rohr wird durch den Einlegeboden der Gartenküche durchgeführt. Dazu sägt man ein entsprechend großes Loch mittig in die darunterliegende Latte. Der Abwasserschlauch wird dann durch den Rahmen hindurchgeführt, damit er sauber geführt wird und nicht abreißen kann. Dazu sägt man in den unteren Rahmen ebenfalls ein Loch. Der durchsichtige Schlauch wird nun in ein Schmutzwassergefäß geleitet, dessen Inhalt regelmäßig in die Kanalisation entleert wird.

Die mobile Outdoor-Küche

Die perfekte Ergänzung zum Holzkohlengrill ist diese Küchenzeile. Sie wird selbst geschreinert und erweitert den Grillspaß um einen Gaskocher und einen Wasseranschluss an der Spüle. Ein Arbeitsplatz zum Schneiden liegt zwischen den beiden Elementen. Bis zu drei Personen können hier das Essen gemeinschaftlich vorbereiten.

Jede Menge Stauraum

Die Reling aus Spalierleisten und dem Regalbrett auf der Abschlusskante bildet einen festen Abschluss. So ist gewährleistet, dass nicht versehentlich etwas hinten runterfällt. Außerdem bietet das weiße Gitter jede Menge Platz, um Handwerkszeug aufzuhängen. Auf dem Brett kann man Gewürze, Kräuter und Gläser abstellen. Das Fach unter der Arbeitsplatte bietet Platz für größere Töpfe und Schüsseln mit vorbereiteten Speisen. So wird die Nutzfläche mehr als verdoppelt.

Besonders raffiniert ist bei dieser Gartenküche der Wasseranschluss. Zugeführt wird das kühle Nass über den Gartenschlauch. Wenn man nur Salat wäscht oder Kartoffeln schrubbt, kann das benutzte Wasser ins Blumenbeet geleitet werden. Sind Speisereste und Spülmittel im Wasser, muss es aufgefangen und über die Kanalisation entsorgt werden. Wie man den Wasseranschluss genau installiert, wird auf Seite 31 erklärt. Dank der Rollen kann man die Outdoor-Küche im Winter an einen trockenen, geschützten Standort stellen. Der Schlauch wird abgenommen und der Wagen in die Garage oder unter das Terrassendach geschoben.

Die mobile Outdoor-Küche fügt sich gestalterisch sowohl in einen ländlichen als auch in einen städtischen Hausgarten ein. Durch die Räder kann man die Position dem Sonnenstand mit wenigen Handgriffen anpassen.

Material

- 4 Beine aus Kiefernholz (91 × 45) davon 2 in der Länge 1087 mm (Hinterbeine, A) und 2 in der Länge 700 mm (Vorderbeine, B)
- 1 Abschlussleiste aus Kiefernholz (43 × 43), 1570 mm lang (C)
- 1 Abdeckbrett aus Kiefernholz (165 × 21), 1700 mm lang (D)
- 1 Längsbrett aus Kiefernholz (91 × 15), 1600 mm lang (E)
- 1 Längsbrett aus Kiefernholz (91 × 15), 1570 mm lang (F)
- 2 Längsträger aus Kiefernholz (91 × 15) 1540 mm lang (G)
- 2 Querbretter aus Kiefernholz (91 × 15) 625 mm lang (H)
- 2 Querbretter aus Kiefernholz (91 × 15) 535 mm lang (J)
- 16 Ablagebretter aus Kiefernholz (91 × 15) 535 mm lang (K)
- 12 Spalierleisten aus Kiefernholz (43 × 15), 630 mm lang (L)
- 4 Spalierleisten aus Kiefernholz (43 × 15), 400 mm lang (M)

- 2 Trägerleisten aus Kiefernholz (21 × 21), 1540 mm lang (N)
- 1 Trägerleiste aus Kiefernholz (15 × 15), 1388 mm lang (O)
- 4 Lenkrollen (2 davon feststellbar), Bauhöhe 120 mm
- 1 Rohr ca. ∅ 20 × 1600 mm, weiß beschichtet, mit Halterungen (z. B. Stilgarnitur) und S-Haken
- Spanplatten-Schrauben
- wasserfester Holzleim
- 1 Arbeitsplatte 1700 × 600 mm (A2)

außerdem:

- 1 Spülbecken (Edelstahl) ca. 450 × 400 mm (B2)
- 1 einfache Auslaufarmatur (M2)
- Zubehör für Wasserzu- und -ablauf (C2 bis L2)
- 4 Stuhlwinkel (O2)
- Spanplattenschrauben
- Gaskocher aus dem Campingbedarf
- Steinfliese ca. 300 × 300 mm

Werkzeug

Kreissäge, Akkuschrauber, Fuchsschwanz, Zange, Hammer, Zwingen

1 Schablone anfertigen

Auf ein Holzbrett zeichnet man exakt das Spalier auf, damit die Abstände gleichmäßig werden. Die Holzleisten werden mit einem 45-Grad-Schnitt auf die passende Länge gebracht.

2 Die Leisten fixieren

Auf die Schablone werden die Leisten zunächst in einer Richtung gelegt. Dann von der Mitte die Leisten einzeln in Gegenrichtung auflegen, um sie anschließend zu verleimen und mit Nägeln zu fixieren.

3 Der Rahmen für die Rückwand

Der fertige Rahmen wird aufgelegt, Überstände aufgezeichnet und abgesägt, damit das Spalier zwischen die Hinterbeine passt. Nun die unteren Enden mit dem Rahmen verschrauben.

4 Die Rahmen verbinden

Den vorderen und den hinteren Rahmen mit den Querbrettern verleimen und mit Schraubzwingen fixieren. Anschließend können die Rollen unter die Beine montiert werden.

5 Die untere Ablage

Die Ablagebretter für das untere Regalbord auf die Trägerleisten schrauben. Zwischen den Brettern sollte gleichmäßig ein Abstand von 10 mm sein. Anschließend wird das Brett im Rahmen verschraubt.

6 Die Aussparung für die Spüle

Legen Sie das Spülbecken umgedreht auf die Arbeitsplatte, um die Kontur für den Ausschnitt anzuzeichnen. Nun nochmals 15 mm abziehen, dann sägen Sie die Aussparung aus.

7 Armatur einsetzen

Nehmen Sie Maß, wo der Wasserhahn optimal platziert ist, zeichnen Sie die Stelle an und bohren Sie mit dem Bohrer ein Loch, sodass die Armatur mit der Kupplung eingesetzt werden kann.

8 Arbeitsplatte einsetzen

Nun die Stuhlwinkel befestigen und darauf die Arbeitsplatte in dem Rahmen ablegen. Zuletzt verschraubt man Arbeitsplatte und Rahmen fest mit-einander.

Frisch und gut gekühlt

Wenn es um Getränke und Lebensmittel geht, ist die sommerliche Wärme störend. Ganz gleich ob Apfelsaftschorle, Roséwein oder Bier – wenn sie erfrischen sollen, müssen Getränke gekühlt sein. Rohe Zutaten für den Grill verderben rasch und selbst geräucherter Schinken für die Vorspeisen, Milchprodukte und Obst halten in der Sonne nicht. Gleichzeitig sollten Lebensmittel und Getränke kein Grund sein, dass immer wieder jemand ins Haus laufen muss. Es gibt bessere Lösungen.

Ein kleiner Kühlschrank

Bei der Luxusvariante stellt man einfach einen kleinen Kühlschrank in der Gartenküche auf. Die Minis für Single-Haushalte passen meist unter einen Arbeitstisch (wie auf dem Bild gegenüber). Und wenn dieser Rollen hat, kann man das Gerät bequem wieder wegräumen.
Grundsätzlich gilt es, folgende Punkte zu berücksichtigen:
Wird ein Kühlschrank beim Transport über 45 Grad gekippt, muss er 24 Stunden stehen, bevor man ihn anstellen kann. Die kleinen Modelle sind wahre Stromfresser, und darüber hinaus muss man einen Anschluss haben. Zieht man Kabel aus dem Haus in den Garten, darf daraus keine Stolperfalle werden. Hier bietet es sich an, mit einem breiten Tape das Kabel auf Holz oder Steinen aufzukleben. Alternativ kann man eine Schmutzfangmatte im Laufbereich auf das Kabel legen, sodass es beschwert wird und keiner fällt.
Wenn alles an Ort und Stelle ist, die Wartezeit eingehalten wurde, braucht das Gerät noch einige Zeit, bis der Kühlraum tatsächlich die gewünschte Temperatur erreicht hat. Achten Sie darauf, dass der Kühlschrank nicht in der prallen Sonne steht.

Zinkwannen, Eimer & Eiswürfel

Wenn es in erster Linie darum geht, Getränke zu kühlen, heißen die wichtigsten Hilfsmittel Zinkwanne, Eimer und jede Menge Eiswürfel. An Tankstellen bekommt man im Sommer große Säcke mit Eiswürfeln. Diese kann man in Eimer und Zinkwannen füllen, um darin die vorgekühlten Flaschen zu lagern. Erwartet man zahlreiche Gäste, kann man beim Getränkehändler alles vorgekühlt bestellen und erst wenige Stunden vor der Party abholen bzw. liefern lassen.
Wannen und Eimer stellt man in den Schatten, damit die Wirkung möglichst lange hält. Platzieren Sie die kalten Wannen nicht direkt auf den Rasen, weil dieser sonst Schaden nehmen könnte. Eine Holzpalette reicht aus, um ihn zu schützen.
Sobald die Kühlwirkung nachlässt, wird die Wannenfüllung wässrig. Das führt bei Weinflaschen dazu, dass sich die Etiketten lösen. Wenn man verschiedene Sorten hat, macht es Sinn, die Flaschen so zu markieren, dass man sie auch ohne Etikett erkennen kann.

Schatten und Wasserkühlung

Abdeckhauben aus Korbgeflecht oder Zinkblech helfen bei der Frischhaltung, weil sie zunächst einmal für Schatten über den Speisen sorgen. Darüber hinaus kann man die Kühlwirkung deutlich steigern, indem man nasse Tücher darüberlegt. Die Verdunstung des Wassers sorgt dafür, dass die Temperaturen sinken. Mit diesem Mittel können sicher kein Tiramisu und keine Schlagsahne vor dem Verderben gerettet werden, aber Vorspeisen und Blattsalate bleiben über einige Zeit frisch und bekömmlich.

Das ist schon luxuriös: In dem Rollwagen ist ein kleiner Kühlschrank untergebracht, der verhindert, dass der Weißwein warm wird und frische Speisen verderben.

Kühlen wie die Camper

Dass Fleisch und Milchprodukte nicht verderben, dafür kann eine Kühlbox sorgen. Die Temperatur wird mit Hilfe von Gefrierelementen, die gut durchgekühlt sind, reguliert. Diese halten, wenn die Nahrungsmittel bereits gekühlt eingelagert wurden, problemlos über mehrere Stunden die Kälte. Zugleich ist alles gut vor Ungeziefer geschützt, das sich ja bekanntlich gerne über die frischen Sachen hermacht. Apropos Ungeziefer: Ein Trick, wie Sie ganz natürlich Fliegen von frischen Nahrungsmitteln fernhalten, stammt aus dem Orient: Schneiden Sie eine Zitrone auf und stecken Sie Gewürznelken in die Schnittfläche. Der Duft vertreibt die lästigen Insekten zuverlässig vom rohen Grillfleisch.

Wenn man in einer großen Partyrunde feiert, kann man auch auf Styroporboxen zurückgreifen, wie man sie vom Pizzaservice oder Fischhändler kennt. Sie sind nicht so teuer, aber isolieren gut. Zur Kühlung füllt man Plastiktüten mit Eiswürfeln und legt diese auf den Boden der Styroporbox. Wenn Sie Fleisch, Fisch und andere verderbliche Lebensmittel in durchsichtige Kunststoffboxen geben, behalten Sie auch den Überblick. Um Salat, Gemüse und Obst vor dem Verderben zu schützen, reicht es aus, sie einfach aus der Kühlschrankkühlung ohne Eisbeutel in die Box zu legen.

Auf dem eingedeckten Tisch haben sich kleine Kühlboxen bewährt, in deren Boden ein Kühlelement integriert ist. Sie sind zwar aus Kunststoff und nicht sonderlich dekorativ, aber sie helfen, dass die Butter fest und Gemüsestreifen, Käse sowie Saucen frisch bleiben.

Arbeitsflächen: zum Putzen, Schneiden, Schnippeln und Rühren

Wer die ersten Male im Garten nicht nur grillt, sondern auch zubereitet und kocht, nimmt einfach den Gartentisch. Aber schon bald sehnt man sich zumindest nach einem Küchenblock. Jetzt ist der Moment gekommen, an dem Sie am besten gleich Nägel mit Köpfen machen. Eine richtige Arbeitsfläche muss her. Stellt sich nur die Frage, welches Material am besten ist. Grundsätzlich sollte man Stilfragen, die auch auf den Seiten 16 ff. beantwortet werden, berücksichtigen. Aber es gibt bei einer Arbeitsfläche auch ganz besondere Anforderungen an den bevorzugten Werkstoff.

Die verschiedenen Niveaus der Arbeitfläche bieten sich dazu an, die höheren Zonen auch als Bar-Theke zu nutzen. Da sitzt man dann auch schon mal zum Frühstück schnell im Garten.

Das passende Material

Holz zählt zu den angenehmen Oberflächen, allerdings muss man die Witterungsbeständigkeit berücksichtigen. Da Holz Wasser aufnimmt, sollte die Oberfläche mit einem entsprechenden Anstrich für den Außenbereich versiegelt werden. In regelmäßigen, jährlichen Abständen muss diese Imprägnierung erneuert werden. Außerdem sollte man nicht direkt auf dem Holz schneiden, weil die Schnitte das Material beschädigen und dann Wasser eindringen kann.

Kunststoffarbeitsplatten aus dem Baumarkt passen zum einen nicht in die Gartensituation, zum anderen halten sie den extremen Belastungen der Witterung nicht sicher stand. Meist löst sich die Laminierung, oder der Pressspan beginnt zu quellen.

Natur- oder Kunststeine sehen sehr dekorativ aus, man muss aber bedenken, dass das Gewicht hoch ist. Ist der Stein offenporig, hinterlassen Fett, Essig und Rotwein ihre Spuren, weil sie einziehen.

Edelstahl und Zink haben eine geringe Materialstärke, wodurch man zierliche Möbel bauen kann. Auch im Hinblick auf die Witterungsbeständigkeit sind die Metalle sehr beliebt. Da die Fertigung spezielle Techniken benötigt, gibt es Edelstahl- und Zinkblechmöbel meist nur fertig im Handel oder aus der Fachwerkstatt. Der Selbstbau ist nur Heimwerkern zu empfehlen, die das geeignete Werkzeug und Erfahrung in der Verarbeitung haben.

Die Wirkung der Sonne

Nicht jede Oberfläche, die optisch und gestalterisch schön ist, muss sich im Alltag zwangsläufig bewähren. Ein wichtiger Faktor ist die Wirkung bei voller Sonne, wenn man die Outdoor-Küche tatsächlich intensiv nutzt. Eine helle, glänzende Edelstahlfläche reflektiert die Sonne und blendet. Das behindert das Arbeiten und ist daher nicht zu empfehlen. Daher findet man bei fertigen Gartenküchen aus Edelstahl wie im Bild unten häufig eine Holzauflage, die solche Lichtreflexion verhindert. Anders liegt der Fall bei dunklen Oberflächen aus Kunststoff oder Stein. Das Licht wird absorbiert, wodurch sich das Material erhitzt und Wärme abstrahlt. Das kann beim Arbeiten ebenfalls unangenehm sein und manches Rezept nicht gelingen lassen, weil die Zutaten zu warm werden.

Die optimale Höhe

Nehmen Sie Maß an der Innen-Küche, um eine optimale Arbeitshöhe zu erreichen. Wenn Sie beim Spülen oder anderen Arbeiten Rückenschmerzen haben, könnte dies an der falschen Höhe liegen. Den Fehler müssen Sie bei der Gartenküche nicht wiederholen. Da vielleicht unterschiedliche Menschen in der Gartenküche stehen, können Sie auch verschiedene Bereiche gestalten. Ein hoher Bereich, der mit Hockern auch als Bar oder Platz für

einen Imbiss genutzt werden kann, und ein niedriger für »kleinere« Menschen wird unterschieden. Oder man hält ein mehrere Zentimeter hohes Schneidbrett bereit, um hochgewachsenen Menschen das Arbeiten zu erleichtern.
Bei fertigen Outdoor-Küchen können die Beine häufig in der Höhe verstellt werden, sodass sie ergonomisch optimal sind und zugleich Unebenheiten im Untergrund ausgeglichen werden.

Witterungsbeständigkeit

Grundsätzlich ist die Arbeitsfläche als horizontale Fläche der Witterung besonders stark ausgesetzt. Daher sollte man Wert darauf legen, dass der Wechsel von Temperaturen und Feuchtigkeit keine Probleme bereitet.
Kanten und Verbindungen zu anderen Bauteilen und Materialen müssen gut versiegelt sein. Darüber hinaus sollte die Konstruktion möglichst eben sein, damit Regenwasser nicht über einen längeren Zeitraum in Zwischenräumen stehen bleibt. All diese Verarbeitungsmerkmale fördern die Haltbarkeit der Outdoor-Küche.

Die Holzroste dieser Arbeitsplatte kann man abnehmen, um Krümel zu entfernen. Der Vorteil dieser Konstruktion beruht auf der Wetterfestigkeit, weil das Wasser vom Holz abläuft und dann über den Edelstahl abgeleitet wird.

Praktische Helfer

In der Outdoor-Küche herrscht immer Bewegung. Mal kocht man nur für zwei, mal kommt der ganze Freundeskreis. Fängt es an zu regnen, rettet man schnell alles, was greifbar ist, unter den Sonnenschirm und das Vordach.

Das alles ist kein Problem, wenn man den einen oder anderen stummen Helfer hat. Darüber hinaus braucht man viel Fläche, um etwas abzustellen, damit man nicht in Versuchung kommt, Töpfe, Schüsseln und Teller wackelig übereinander zu stapeln. Kleinmöbel bieten hier jede Menge Spielraum für clevere und dekorative Ideen.

Servierwagen

Für einzelne Anlässe können Sie natürlich den Teewagen aus dem Innenbereich in den Garten holen. Allerdings werden Sie bald merken, dass er nicht optimal, in erster Linie nicht »geländegängig« ist. Mit großen, gummierten Holz- oder Transportrollen kann man dagegen die leichten Unebenheiten im Garten locker überfahren, und es droht nicht die Gefahr, dass der Servierwagen bei der ersten Steinkante umkippt. Ein zweiter großer Vorteil von Servierwägen aus den Gartenmöbelprogrammen ist die seitliche Reling, die verhindert, dass Teller, Schalen oder anderes Geschirr schon bei einer leichten Schräglage abrutschen. Sehr praktisch ist auch ein Flaschenhalter.

Es wirkt harmonisch, wenn man ein Material aussucht, das zu Tisch und Stühlen passt oder sogar das gleiche ist. Auf jeden Fall sollten Sie auf Glas verzichten, da es sehr schmutzanfällig und auch die Gefahr der Beschädigung zu groß ist.

Rollboxen

In der Outdoor-Küche hat man im Grunde keine klassischen Schränke, weil sich das Holz durch Witterungseinflüsse verzieht und die Durchlüftung nicht immer gegeben ist. Außerdem sind sie

Die Rollbox mit Pfannen und Töpfen passt genau in die abgemauerte Aussparung. Wenn der Sommer vorbei ist, wird die ganze Kiste einfach bis zur nächsten Saison in den Keller oder die Garage gestellt.

perfekte Verstecke für Nager und Ungeziefer. Aber man kann unter der Arbeitsfläche Aussparungen einbauen und in diese Boxen hineinschieben. Will man etwas herausholen, zieht man dann die Box einfach heraus. Man hat bis in das hinterste Eckchen einen perfekten Überblick und findet, was man sucht.

Da man solche Boxen am besten selber baut, bietet es sich an, für die Front fertige Schranktüren aus dem Baumarkt oder dem Programm von Selbstbaumöbeln zu besorgen. Auf diese Art und Weise sehen die Rollboxen auch tatsächlich aus wie Schränke.

Praktisch an diesem System ist nicht zuletzt auch, dass man die Outdoor-Küche im Herbst komplett in der Garage einwintern kann und nicht viel um- bzw. ausräumen muss.

Lust auf Improvisation

Weinkisten aus Holz haben einen besonderen Charme. Schrauben Sie einfach vier hochkant gestellt Kisten aufeinander und legen Sie oben ein Brett quer darüber – schon haben Sie ein tolles Regal für die Grillutensilien. Montiert man zusätzlich vier Möbelrollen auf der Unterseite, wird daraus sogar ein Rollwagen, um den Sie viele beneiden werden.

Rollwägen mit viel Stauraum und praktische Lösungen findet man auch im Lagerbedarf. Stöbern Sie in Katalogen nach Alukisten auf Rollen, einfachen Rollwägen und Metallkörben. Aber achten Sie immer darauf, dass die gewählten Accessoires wetterfest und robust sind.

Wenn Sie ihre Gäste in Urlaubsstimmung bringen möchten, ist ein Flugzeug-Trolley genau das Richtige. Zwar ist der Spaß nicht geschenkt, aber was die Funktionalität angeht, ist ein solcher Rollenschrank nicht zu überbieten, weil er viel Stauraum bietet und die stabilen Rollen zusätzlich mit einer Arretierung versehen sind.

Dank der stabilen Räder kann man die Stellflächen des Servierwagens beladen und anschließend alle Utensilien direkt bis zum Sitzplatz fahren.

Da die Grundfläche in der Gartenküche klein ist, muss man die Dinge in verschiedenen Ebenen übereinanderstapeln. Eine Klapp-Holzleiter kommt hier gerade recht. Wichtig ist, dass auf beiden Schenkeln der Leiter Stufen sind. Auf diese schiebt man nun flache Holzkisten, Tabletts oder Holzplatten – schon ist ein Regal entstanden, das viel Platz bietet und mit einem farbigen Anstrich zu einem schönen Deko-Element der Outdoor-Küche wird.

Kleinküche auf Rädern

Wer einfach nur draußen kochen will, kann auf diesem Kochwagen köstliche Mahlzeiten zubereiten. Der Entwurf, den man an einem verlängerten Wochenende selber bauen kann, steckt voller guter Ideen und kleiner Raffinessen.

Auf dem eingebauten Kochfeld wird gekocht, und im Mini-Backofen können Aufläufe, Teigtaschen, Brot und Kuchen zubereitet werden.

Daneben gibt es nicht nur eine große Arbeitsfläche, sondern auch viel Stauraum für Zutaten und Utensilien. In die Arbeitsfläche integriert ist eine Granitplatte zum Schneiden und Vorbereiten. Eine Schüssel für Obst und Gemüse wird in die Arbeitsfläche eingelassen, sodass sie nicht verrutscht. Seitlich befindet sich ein Flaschenhalter für die wichtigsten flüssigen Zutaten. So kann nichts runterfallen, wenn man den Wagen mit Hilfe der seitlichen Griffe über die Terrasse rollt. Damit die Küche funktioniert, braucht man einen Stromanschluss. Beim Kauf der Geräte muss berücksichtigt werden, dass sie auf einen 230-V-Anschluss ausgelegt sind.

Ideen zum Abwandeln

Wenn Ihnen der Wagen sehr rustikal erscheint, dann streichen Sie den Rahmen und die Einlegeböden mit einer witterungsbeständigen Holzschutzfarbe in einem klaren Himmelblau, Pistaziengrün oder Weiß. Das passt gut zum hellbraunen Buchenholz der Arbeitsplatte und wirkt modern. Gleichzeitig wird so das Holz versiegelt, damit es den schwankenden Klimaeinflüssen im Garten gut widersteht.

Die drei verschiedenen Ebenen dieses Kochwagens bieten eine sehr leistungsfähige kleine Küche an. Besondere Details sind die versenkte Schüssel, die zahlreichen Hängeleisten und die Reling, damit nichts herunterfällt.

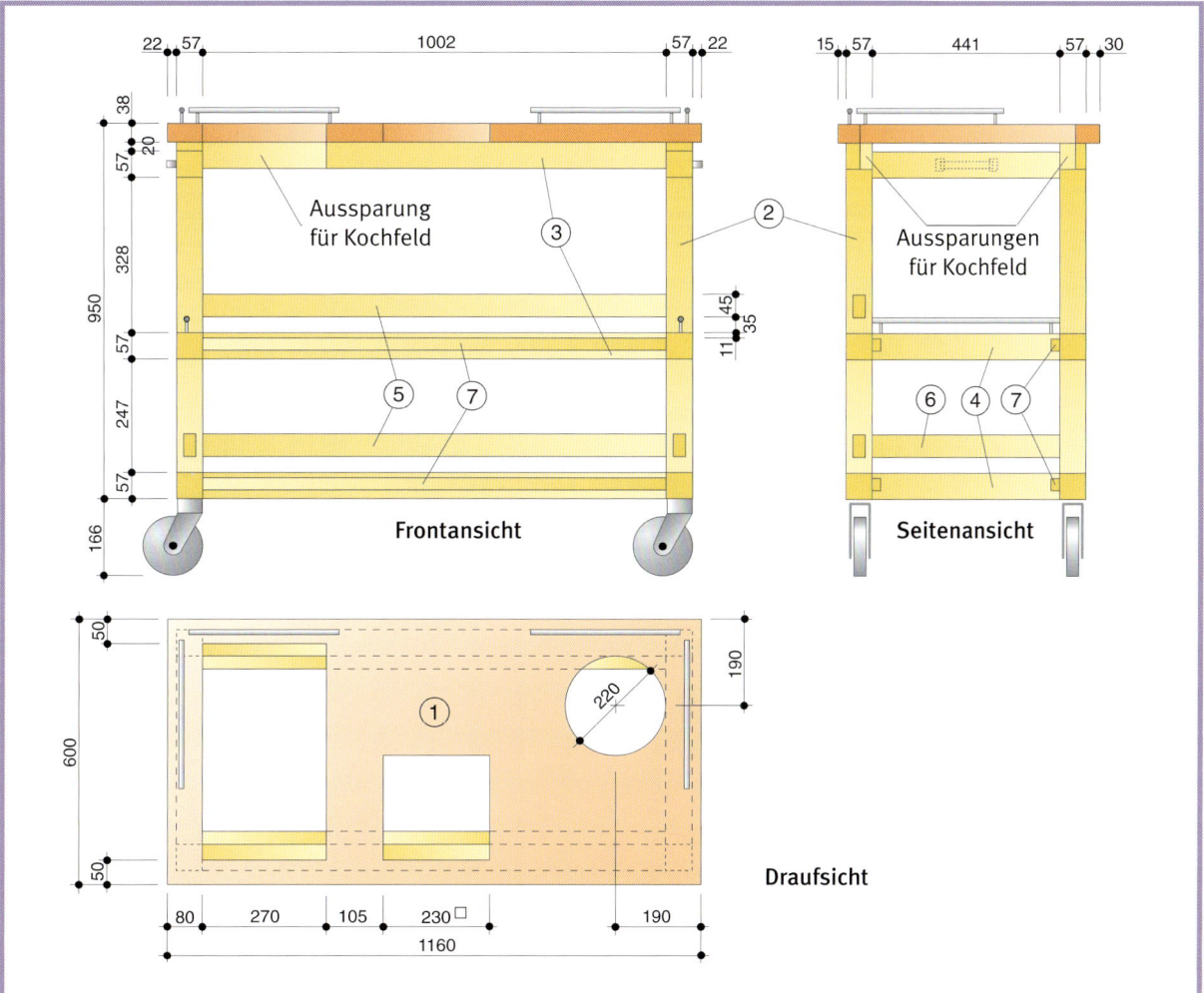

Frontansicht

Aussparung für Kochfeld

Seitenansicht

Aussparungen für Kochfeld

Draufsicht

Material

- Arbeitsplatte (38 mm, Buche Leimholz) 1160 × 60 mm (1)
- 4 Eckstützen (57 × 57 mm) 746 mm lang (2)
- 6 Längszargen 1002 mm (3)
- 6 Querzargen 441 mm (4)
- 2 Längsleisten 1002 mm (Rahmenholz 45 × 26 mm) (5)
- 2 Querleisten 441 mm (6)
- 4 Auflageleisten 1000 mm lang (Rahmenholz 25 × 20 mm) (7)
- 4 Transportrollen ⌀ 125, davon 2 feststellbar
- 2 Möbelgriffe 437 mm lang mit Haken (Stirnseite)

- 4 Möbelgriffe 337 mm
- 1 Hakenleiste
- 2 Möbelgriffe (Lochabstand 128 mm)
- Dübelstangen ⌀ 8 mm
- Spanplattenschrauben, Holzleim, wasserfest, Hartwachsöl, Pinsel

außerdem:

- Steckerleiste, schaltbar, 2 Möbelgriffe, Kochfeld, Ofen, Griff

Werkzeug

Schraubzwingen, Stichsäge, Akkuschrauber, Handkreis-, Lochsäge, Tacker, Winkeleisen, Zollstock

1 Den seitlichen Rahmen fertigen

Man beginnt mit dem Rahmen des Wagens. Zunächst werden quasi zwei Leitern für die schmalen Außenkanten aus den Längszargen gebaut. Mit dem Winkeleisen überprüfen, dass die Hölzer genau im 90-Grad-Winkel zueinander stehen. Die Konstruktion verleimen und mit großen Schraubzwingen zusammenhalten.

2 Holzdübel einsetzen

Wenn der Holzleim angezogen ist, werden Löcher für die Dübelstangen gebohrt. Dazu verwendet man den Holzbohrer mit einem Durchmesser von 8 mm. Nun setzt man die abgelängten Dübelstangen ein, damit sie die Verbindungen stabilisieren. Dazu auf die Spitze etwas Leim geben und die Dübelstange tief in das Loch hineinschlagen. An jeder Verbindungsstelle werden zwei Dübel von außen gesetzt, sodass man sie sieht.

3 Überstände absägen

Mit einer Stichsäge werden die überstehenden Dübelstangen bündig zur Zargenkante abgesägt. Wenn man einen Fuchsschwanz verwendet, muss man aufpassen, dass man mit dem Sägeblatt nicht ins Holz schneidet.

4 Die optische Dübelverbindung

Die Querzargen mit Schrauben verbinden, die Dübelstangen werden nur als optische Verdeckung darüber gesetzt. Dazu bohrt man ein Loch in der Schraubengröße vor und dann die Schraube gut 10 mm tief ins Holz. Nun wieder den großen Bohrer für die Dübelstangen nehmen und das Loch im oberen Teil vergrößern. Wie unter 2 und 3 geschildert wird anschließend der Holzdübel eingeschlagen.

5 Arbeitsplatte zuschneiden

Mit der Kreissäge bringt man die Arbeitsplatte auf Maß, wenn dieses nicht bereits im Baumarkt gemacht wurde. Um einen geraden Schnitt zu erzielen, wird mit Schraubzwingen eine Holzleiste auf der Arbeitsplatte befestigt. Sie dient als Führungsschiene für die Kreissäge, sodass der Schnitt gerade und im genauen Maß verläuft.

6 Aussparungen aussägen

In der Platte werden ein Kochfeld, eine Granitplatte und eine Schüssel versenkt. Dafür muss man Löcher in die Platte sägen. Zunächst zeichnet man die Grundform an und die Schnittkante 0,5 cm nach innen ein, damit die Überstände aufliegen. Um mit der Stichsäge ansetzen zu können, an den Eckpunkten Löcher in die Platte bohren.

7 Möbelgriffe in neuer Funktion

Bei einer fahrbaren Küche leistet eine Reling gute Dienste. Diese Funktion übernehmen die Möbelgriffe, die mit den zugehörigen Schrauben an den Rändern des mittleren Zwischenbodens befestigt werden. An der hinteren Kante übernimmt eine zusätzliche Leiste diese Rolle.

8 Die Reling

Zum Fixieren der Stangengriffe Befestigungslöcher anzeichnen und von der Oberseite in Schraubenstärke durchbohren. Platte umdrehen und von unten mit einem größeren Bohrer die Versenkung bohren (etwa halbe Plattenstärke). Dann die Griffe aufsetzen und anschrauben.

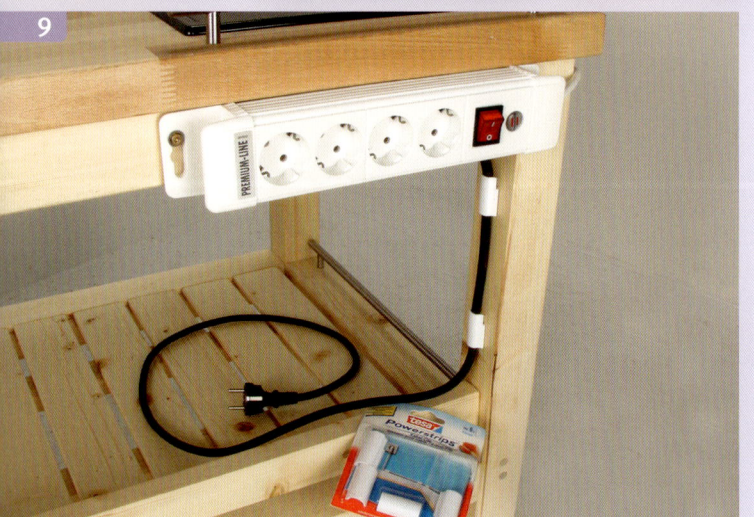

9 Der Stromanschluss

Die schaltbare Mehrzwecksteckdose hat rechts und links Halterungen, an denen man sie festschrauben kann. Damit das Kabel nicht lose herunterhängt, wird es mit Klebeschellen am Rahmen seitlich befestigt.

10 Der Flaschenhalter

Die Aussparungen für Gewürzdosen, Flaschen oder Gläser werden nach den Maßen in der Zeichnung mit der Lochsäge ausgeschnitten. Anschließend die Arbeitsplatte mit einem Hartwachsöl in Maserrichtung streichen. Der Vorgang wird wiederholt.

11 Das Kochfeld

Das Kochfeld an der Unterseite mit den mitgelieferten Halterungen fixieren, nachdem es lose eingesetzt wurde. Die gesamte Arbeitsplatte wird anschließend durch die Rahmenkonstruktion verschraubt.

12 Die Granitplatte

Die Schneidefläche aus Granit wird mit Silikon eingeklebt. So kann keine Feuchtigkeit unter den Rand gelangen. Die Schüssel wird dagegen nur lose eingesetzt, damit man sie leicht zum Reinigen herausnehmen kann.

Gemauerte Küche – Grill, Stauraum und Arbeitsfläche in einem Block

Selbst wenn Sie wenig Erfahrung im Umgang mit Beton, Ziegelsteinen und Mörtel haben, können Sie sich diese kleine Gartenküche selber bauen. Mit Hilfe von farbigen Multiplexplatten bekommt das schlichte Einheitsgrau der Flächen eine pfiffige Note. Alternativ kann man die Front mit Holz verkleiden oder sie mit Spanndrähten versehen und von Pflanzen umranken lassen.

Materialien pfiffig verwenden

Der Sockel dieser kleinen Gartenküche wird aus Rasenkantensteinen zusammengebaut; so hat man schnell gerade Mauern.

Als Erstes müssen Sie aber natürlich den richtigen Platz für diese Gartenküche finden. Nehmen Sie dazu entweder ein paar leere Umzugskisten oder zwei Holzblöcke mit einer Platte. Diese Konstruktion lassen Sie dann ein Wochenende lang an der gewählten Stelle stehen, um Besonnung und Windverhältnisse im Laufe eines Tages prüfen. So ist es beispielsweise angenehm, wenn die Gartenküche mittags im Halbschatten liegt, gegen Abend aber in der Sonne.

Wenn man sich für eine Aufstellung entschieden hat, kann man mit dem Bau loslegen. Planen Sie ausreichend Zeit ein. Ein paar starke Helfer sind nicht nur beim Einkauf von Vorteil, denn die Rasenkantensteine sind schwer und unhandlich.

Perfekte Kochinsel für das sommerliche Gartenvergnügen: Die gemauerte Kombination aus Grill und Arbeitsfläche bietet jede Menge Stauraum für Geschirr, Getränke und Kleinteile.

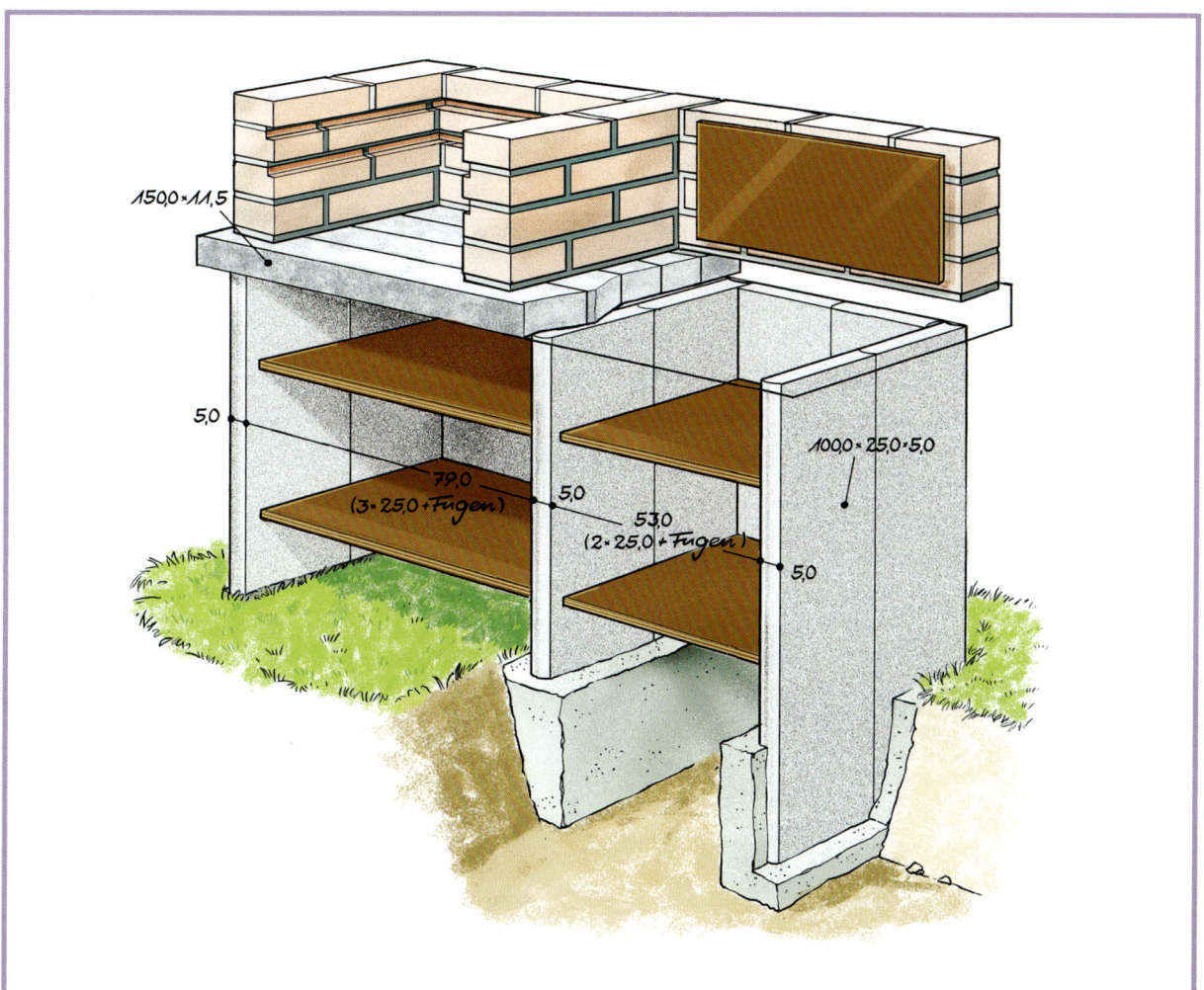

Material

- Rasenkantensteine
- Betonestrich
- flexibler Fliesenkleber
- Kalk-Zementmörtel Mörtelgruppe II a
  (DIN V 18580), neu M5 (DIN EN 998-2)
- Betonstürze
- Einschubleisten für den Grillrost
- Grillrost
- Ziegelsteine (frostfest)

außerdem:
MDF-Dekorplatten, Haken, Vierkantleisten
aus Holz, Dübel, Schrauben

Werkzeug

- Spaten
- Wasserwaage
- Gummihammer, Maurerhammer
- Spannschnur
- Maurerwinkel, Maurerkelle
- Flex (Scheibe für Steine) sowie Ohrschutz
  und Schutzbrille
- Fugeisen
- Schlagbohrmaschine (3-mm-Bohrer; 8-mm-
  Bohrer, Senker, Holzbohrer, Steinbohrer)
- Schraubenzieher (Kreuzschlitz)
- Mörtelwannen
- Malervlies

1 Die Vorarbeiten

Nehmen Sie sich Zeit, Ihre Baustelle für die Garten-küche einzurichten. Mit Malervlies schützt man die Platten auf der Terrasse. Halten Sie Mörtelwannen bereit, damit Sie den Aushub für das Fundament zwischenlagern können. So kommen Sie mit dem Bau zügig voran und können sich später darum kümmern, wie Sie die Erde im Garten verteilen.

2 Boden tief ausschachten

Damit die Rasenkantensteine sicher stehen, müs-sen sie im unteren Drittel in Estrich gesetzt werden. Dazu gräbt man in der entsprechenden Grundform den Boden aus. Es reicht, wenn die Fundamente spatenbreit werden. Mit dem Zollstock überprüfen, dass die Tiefe tatsächlich ausreicht.

3 Betonestrich einfüllen

Nun wird der Betonestrich soweit eingefüllt, dass zur Grasnarbe ein vertikaler Abstand von 34 cm bleibt. Damit der Estrich keine Luftblasen ein-schließt, wird er mit einem Stück Kantholz gleich-mäßig verdichtet.

4 Die Wände aufstellen

Die Rasenkantensteine auf das Betonbett stellen und mit der Wasserwaage ausgerichten. Seitlich füllt man nun bis kurz unter die Grasnarbe Estrich ein. Den frisch eingefüllten Estrich immer wieder verdichten. Anschließend wird seitlich die nächste Rasenkante eingesetzt. Ein flexibler Fliesenkleber, der in die vertikale Stoßfuge eingebracht wird, verbindet die Steine. Mit einem Gummihammer bringt man die Steine auf eine Höhe.

5 Fliesenkleber entfernen

Mit einem Schwamm und klarem Wasser wäscht man Reste des Fliesenklebers möglichst frühzeitig ab, damit keine Rückstände bleiben, die beim späteren Anstrich stören.

6 Betonstürze aufsetzen

Bevor die Betonstürze oben aufgesetzt werden, entfernt man Unebenheiten an den Kanten mit einem Hammer. So kann man die Stürze bündig hintereinanderlegen. Nun Zementmörtel oben auf die Rasenkantensteine aufbringen und die Betonstürze hineingelegen. Da diese schwer und unhandlich sind, macht man dieses am besten zu zweit. Außerdem ist das Bauwerk noch nicht durchgehärtet, sodass man verhindern sollte, dass alles ins Kippen gerät.

7 Maßnehmen für die Steine

Nicht jeder ist geübt im Mauern. Damit das Bauwerk gelingt, ist es hilfreich, alle Ziegelsteine einmal so auszulegen, wie sie später gemauert werden. Zum einen kann man so anzeichnen, welche Steine geschnitten werden müssen, und zum anderen kann man die Position der Einschubleisten markieren. Berücksichtigen Sie bei dieser Vorbereitung die Fugenabstände der Steine. Dann werden die Steine geschnitten, damit der Läuferverband aufgeht.

8 Schneiden der Steine

Damit man die Einschubleisten für den Grillrost versenken kann, muss man eine Aussparung aus der entsprechenden Steinreihe schneiden. Dazu werden zunächst die Maße an jedem Stein angezeichnet. Anschließend schneidet man mit der Flex den Stein ein. Arbeiten Sie immer mit Gehörschutz und Schutzbrille!

9 Regelmäßig kontrollieren

Jeder gesetzte Stein wird mit der Wasserwaage kontrolliert, damit das Bauwerk stabil und gerade wird. Dabei legt man die Wasserwaage nicht nur horizontal, sondern auch vertikal auf. Fehler werden so frühzeitig erkannt.

10 Arbeiten mit Maurerschnur

Setzen Sie zuerst die Ecksteine, damit die Maurerschnur dazwischen gespannt werden kann. Sie zeigt sowohl die Höhe als auch die Flucht an. Man trägt immer nur für zwei Steine Mörtel auf und setzt diese dann ein, weil sonst der Mörtel schnell antrocknen würde. Die Steine vorsichtig in das Mörtelbett setzen und mit der Hand auf Höhe der Steinreihe bringen. Will man den Sitz korrigieren, nimmt man eventuell die Maurerkelle zu Hilfe.

11 Unebenheiten ausgleichen

Eine lange Wasserwaage hilft, Unebenheiten zu erkennen und zu korrigieren. Man stellt sie oben auf die Steinreihe, um die Waagerechte zu prüfen. Dann legt man sie vertikal an, um die Lotrichtigkeit zu kontrollieren. Stehen die Steine verdreht, verkippt oder nicht eben in einer Reihe, muss nachgearbeitet werden, solange der Mörtel noch nicht fest geworden ist.

12 Der Fugenglattstrich

Zum Schluss werden die Fugen des Mauerwerks sauber nachgearbeitet. Dazu wird überschüssiger Mörtel mit der Maurerkelle entfernt und mit einem Stück Gartenschlauch oder der Fugkelle wird die Fuge glatt gestrichen. Für den Fugenglattstrich darf der Mörtel nicht zu fest sein.

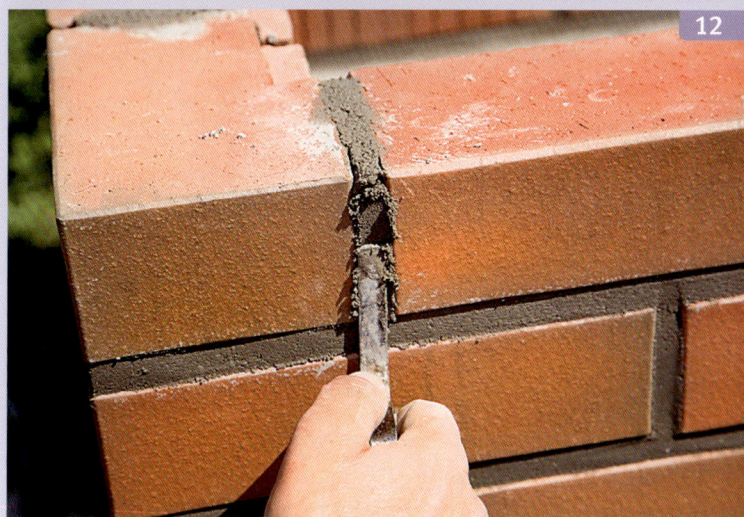

13 Haken einsetzen

Die Haken für die MDF-Platten werden in Dübellöcher eingeschraubt. Wichtig ist, dass man die Punkte genau ausmisst, denn der Charme dieser Verkleidung beruht auf den gleichmäßigen Abständen der Platten. Die Löcher in die MDF-Platten mit einem 3-mm-Bohrer vorbohren, dann von beiden Seiten mit einem Senker bearbeiten und anschließend mit einem 8-mm-Bohrer, dem endgültigen Schraubendurchmesser, anbohren. So vermeidet man, dass das Material ausreißt.

14 Auflager anbringen

Innen zeichnet man zunächst die Höhe für die Regalböden an. Die Vierkanthölzer werden auf passende Länge gesägt und mit jeweils zwei Bohrlöchern für die Schrauben versehen. Nun die Löcher auf der Wand anzeichnen und Löcher für Dübel bohren, damit die Schrauben fest greifen und die Regalböden sicher liegen.

15 Platten aufhängen

Nun hängt man die Platten testweise auf, um zu kontrollieren, ob sie ganz gerade hängen. Danach werden sie abgenommen. Vor dem Streichen der Rasenkanten werden die Fugen angeschliffen. Mit einer Beton- oder Fassadenfarbe verschwinden Unregelmäßigkeiten, und auch die Fugen werden übermalt, sodass der Block den Eindruck erweckt, er sei aus einem Stück gefertigt.

16 Farbig anstreichen

Die MDF-Platten bekommen einen farbigen Anstrich. Fragt sich nur, ob sie lieber rot oder lieber grün sein sollen. Ein besonderer Trick besteht nämlich darin, die Platten von der einen Seite grün, von der anderen rot zu streichen. So kann man den Küchenblock mit nur wenigen Handgriffen passend zur Tischdekoration gestalten. Im Winter werden alle MDF-Platten abgenommen und trocken gelagert. So halten sie lange.

17 Jetzt kann es losgehen

Ist der Anstrich getrocknet, kann man rundherum die MDF-Platten aufhängen. Auch die Regalböden können eingeschoben werden. Der Grillrost wird eingelegt und wenn nun alle Utensilien, die man zum Kochen braucht, eingeräumt sind, kann man anfangen und Grillbriketts anfeuern. Auf jeden Fall haben sich alle Helfer jetzt eine richtig gute Sommerparty verdient. Und es wird sicher nicht die letzte bleiben.

18 Tipp: Eine Holzverkleidung

Wer es etwas rustikaler mag, der kann den Unterbau mit Holzlatten verkleiden. Sie können dazu auf die Rasenkantensteine Holzlatten schrauben und darauf die Latten anbringen. Etwas einfacher ist es, wenn man die gesamte Konstruktion fertig zusammenstellt und dann ebenfalls an Haken aufhängt. Damit das Holz lange ansehnlich bleibt, empfiehlt es sich, die Verkleidung mit einem Schutzanstrich zu versehen.

Professionell: ein Spülbecken

Ein Spülbecken im Garten ist nicht nur ungemein praktisch, sondern lässt obendrein die Arbeitsflächen gleich viel professioneller aussehen. Natürlich braucht es die entsprechende Installation und Wetterfestigkeit, und von der reinen Arbeitsfläche geht einiges verloren. Man sollte sich auch darüber im Klaren sein, dass man kein warmes Wasser im Garten hat.

Vorteilhaft ist ein ausreichend großes, geräumiges Becken, in dem man den Grillrost, die Pfannen und Utensilien vom Grill ganz bequem von den eingebrannten Verkrustungen befreien kann. Nehmen Sie also Maß am Grill, um die erforderliche Größe des Spülbeckens zu ermitteln.

Edelstahl, Stein oder emaillierter Stahl?

Wenn man den Arbeitsbereich selber baut, liegt es nahe eine Edelstahlspüle aus dem Baumarkt zu nehmen. Diese Modelle sind nicht zu teuer und können leicht selber eingebaut werden. Steinbecken oder emaillierter Stahl sind gute Alternativen. Das Edelstahlbecken hat nämlich einen großen Nachteil: Es blendet stark in der Sommersonne. Gegebenenfalls sollte man einen schattigen Platz wählen, damit die helle Reflexion nicht stört. Der Nachteil von Steinbecken besteht in erster Linie in dem Gewicht, das von der Unterkonstruktion getragen werden muss.

In dem großen eckigen Spülbecken kann man nicht nur Salat waschen, Fisch entschuppen und Geschirr spülen. Es ist auch ausreichend, um die großen Grillpfannen und den Rost zu reinigen.

Wandbecken und andere Möglichkeiten

Meist befindet sich direkt an einer Hauswand ein
Wasserhahn für die Bewässerung. Wer keinen großen Aufwand bei der Gartenküche betreiben will
und auf ein Spülbecken, das in die Arbeitsfläche
integriert ist, verzichtet, kann einfach ein Ausgussbecken an der Wand darunter anbringen – voraus-
gesetzt die Höhen stimmen überein. Der Ablauf
wird mit der Kanalisation direkt verbunden. So
kann man mobile Wannen leicht befüllen und das
verbrauchte Wasser ebenso bequem entsorgen.
Der Vorteil beim Ausgussbecken ist ein Gitterrost,
auf dem man Eimer abstellen kann. Manchmal entdeckt man sogar bei einem Trödler ein schmuckes
Becken, einen alten Spülstein oder einen Trog –
Stücke, die nicht nur ihren Zweck erfüllen, sondern
auch dekorativ aussehen. Man muss nur berücksichtigen, dass die Materialien von Fetten und
Speiseresten nicht angegriffen werden.

Schön und praktisch

Ist die Entscheidung zugunsten eines alten Spül-
steins gefallen, kann man den Wasserzufluss leicht
regeln. Man legt den Schlauch und befestigt an
einer kräftigen Stange eine Schwenkbrause, wie sie
in Industrieküchen zum Einsatz kommen. Diese
Kombination wird zu einem Blickfang und auch zum
Ausspülen von Blumentöpfen, Eimern oder Reinigen von Gummistiefeln gerne benutzt.
So ein Zulauf ist auch denkbar, wenn man eine alte,
niedrige Zinkwanne mit einer Ausflussöffnung ver-
sieht und fest auf der Zeile installiert. Der Kultfak-
tor und der günstige Preis sprechen für derartige
Selbstbaulösungen.
Außenbecken gibt es auch als Einzelelement in
Bausystemen für Werkstätten. Es lohnt sich, in
Katalogen nach etwas Passendem zu suchen.
Für mobile Lösungen empfehlen sich Camping-
und Wassersportgeschäfte. Hier gibt es praktische

Das Schneidbrett aus Glas passt genau über das
Spülbecken. So kann jeder Quadratzentimeter der
kleinen Arbeitsfläche optimal genutzt werden.

Wannen, große Wasserkanister und Ähnliches,
sodass man sich zumindest teilweise im Garten
aushelfen kann und die Arbeitsgänge beim Kochen
nicht unterbrechen muss. Bewährt hat sich ein
Vorrat von zwei, drei Kunststoffwannen, damit man
gebrauchtes Geschirr leicht stapeln und ins Haus
räumen kann.

Gut verstaut

Jedes freie Eckchen wird in der Outdoor-Küche genutzt, wenn man zusammen mit Freunden kocht. Gleichzeitig steht allerhand herum, was man zum Vorbereiten und Anrichten braucht. Abends sollte es aber auch wieder schnell ins Haus geräumt werden können, damit nichts verdirbt oder bei einem Regenschauer nass wird. Mit Kisten, Schachteln und Körben behält man den Überblick.

Eine reiche und optisch ansprechende Auswahl gibt es in Möbelhäusern. Am besten ist es, wenn Sie ähnliche, zueinander passende Modelle kaufen, sodass die Möglichkeit gegeben ist, Stapel zu bilden. Deckel brauchen die Stauboxen nicht unbedingt, denn wenn man arbeitet, stören diese nur, und im Haus kann man notfalls auch einfach ein Tuch darüberlegen, um das Einstauben zu verhindern. Je größer die Boxen sind, desto vorteilhafter sind Grifflöcher oder Henkel. Diese sollten natürlich nicht scharfkantig, sondern ebenso bequem wie stabil gebaut sein.

Die Systematik, wo was zu finden ist, muss klar erkennbar sein. Entweder man hat offene Draht-

Die Ablage unter den Arbeitstischen bietet viel Stauraum für die Zutaten und vorbereitete Speisen. Da alles auf Tabletts oder in Körben steht, kann man es mit einem Handgriff herausnehmen.

körbe, und jeder sieht, was darin ist. Oder man verwendet Kisten aus Holz, Zinkblech, flexiblem Gummi bzw. Weidenkörbe, die von außen gekennzeichnet sind. Anderenfalls verzweifelt jeder und sucht nur noch nach den Messern, dem Salzstreuer oder einem Messbecher. Also einfach auf die Holzboxen Tafelfolie kleben und diese mit Kreide beschriften. An Körbe kann man Pappanhänger binden, oder man schreibt den Text auf ein breites Schleifenband. Solche kreativen Ideen sind zugleich Blickfänge, die Spaß machen.

Besteck- und Gläserkörbe

Auch die Utensilien, die nötig sind, um den Tisch einzudecken, kann man in praktischen Behältern lagern. Hierzu empfiehlt es sich, in Landhausläden zu stöbern. Es gibt beispielsweise hübsche Kästen mit einem Glasdeckel und Fächern für das Besteck, den man im Sommer draußen stehen lässt oder zumindest nur in den Schuppen räumt. Mit einem Gläserkorb, in dem jedes Glas ein Fach hat, werden Gläser scherbenfrei zwischen Tisch und Spüle transportiert. Beim Kauf muss man nur testen, dass die eigenen Gläser von der Größe gut passen.

Tabletts mit hohem Rand

Für Gewürze, gebrauchtes Geschirr, Schälchen mit Dips etc. nimmt man ein Tablett zu Hilfe. Achten Sie darauf, dass dieses nicht zu groß ist, damit man es auch voll beladen gut tragen und zudem leicht in eine Ablage unter dem Arbeitstisch schieben kann. Außerdem ist ein hoher Rand von großem Vorteil, weil die darauf abgestellten Dinge nicht herunterrutschen können, wenn man mal stolpert oder angestoßen wird. Ideal sind Tabletts mit einem klappbaren Untergestell, das die Servierhilfe mit wenigen Handgriffen in einen praktischen Beistelltisch verwandelt.

Die Drahtkörbe werden einfach an einen Regalboden gehängt und vergrößern so im Handumdrehen und sehr übersichtlich den als Abstellfläche zur Verfügung stehenden Stauraum.

Töpfchen, Tüten und Fläschchen mit verderblichen Utensilien werden in eine Holzkiste gestellt, sodass man sie abends schnell ins Haus räumen kann.

Griffig und auf Augenhöhe

Die Grillküche lebt von einem gewissen Maß an Improvisation, weil man zwar die Weite des offenen Himmels über dem Kopf, aber eben auch weniger Platz als in einer normalen Küche hat. Andererseits ist es genau dieses Quäntchen Unperfektion, das automatisch dazu führt, dass man in Urlaubsstimmung kommt. Man sieht die Dinge etwas entspannter, was am Feierabend und Wochenende gut tut. Gewöhnen Sie sich gar nicht erst den Spruch an: »Ich geh mal eben rein und hol dieses oder jenes.« Klar, das geht, aber man hat meist gar nicht ausreichend Fläche, um alles abzulegen. Überlegen Sie lieber: Wie kann ich ohne das Teil aus- und trotzdem zum Ziel kommen?

Sie haben eine Arbeitsfläche, und die muss frei bleiben. In der Ablage darunter stehen die Boxen und Körbe mit großen Utensilien, Zutaten und Besteck. Aber der Platz reicht garantiert nicht für alles. Wohin damit? Denken Sie einfach in einer anderen Dimension: Statt die Dinge horizontal zu verstauen, nutzen Sie die Vertikale. Die Wand hinter der Arbeitszeile, die seitliche Garagenmauer oder die Balkonwand bieten jede Menge Platz für all die Kleinigkeiten, die man braucht. Scheren, Kräuter, Durchschlagsieb, Küchenpapier und Gewürzmühlen findet man schnell, wenn man sie direkt vor der Nase aufhängt. Dabei können Sie die verschiedensten Gefäße, Fleischerhaken und Wäscheklammern zu Hilfe nehmen, und gleichzeitig entsteht eine angenehm relaxte Atmosphäre.

Wände, Gitter, Stangen

Die Wand, an der man die Utensilien aufhängt, muss stabil sein und Nägeln Halt bieten, auch wenn man keine extrem schweren Sachen daran hängt. Holzwände sind insofern ideal, weil man einfach mit Hammer und Nagel entscheiden kann, wo was angebracht wird. Bei Wänden aus Mauerwerk und Beton wird es etwas schwieriger, und gerade bei Hauswänden muss man vorsichtig sein, damit man weder Leitungen noch Wärmedämmung beschädigt. Grundsätzlich sollte man überlegen, bei einer Steinwand einen Rahmen oder ein Gitter mit einem kleinen Abstand zur Wand zu befestigen. Eine Hakenleiste verhindert, dass man viele einzelne Löcher in die Wand bohrt. An ihr können Leichtgewichte wie eine Kette aus Chilischoten, Topflappen und Kartoffelschäler aufgehängt werden. Holznägel, die in schrägem Winkel nach oben stehen, sind witzig, und Sie können Wischtücher einfach darüberwerfen. Alternativ zum Holzbrett kann man auch eine Metall- oder Magnetleiste befestigen. Es gibt Dosen für die Küche mit Deckel und einem Magnetboden, magnetische Wäscheklammern und Büroklemmen, die gut an so einer Leiste halten. Zusätzlich wird ein Winkelausleger für eine Blumenampel angebracht, an den man eine Drahtetagere für Gemüse und Kräuter hängt.

Wandgefäße und Körbe

Wandgefäße entdeckt man meist erst auf den zweiten Blick. Sie zeichnen sich dadurch aus, dass sie an einer Seite flach sind, damit sie bündig an der Wand hängen. Außerdem haben sie nur an einer Seite einen Henkel, manchmal auch nur ein Loch. Häufig werden sie als Korbgeflecht angeboten. Es gibt auch Zinkgefäße, die sich entsprechend zweckentfremden lassen. Bei Haushaltswaren kann man fündig werden, wenn man sich gedanklich nicht festlegt. Kleine oder große Plastiktaschen, Kunststoffwannen mit Henkel und Ähnliches lassen sich an die Wand hängen.

Die an die Wand gehängten Zinkgefäße sind nicht nur praktisch, sondern wirken mit den unterschiedlichen Utensilien auch sehr dekorativ, zumal sich das Silbergrau gut von der roten Wand abhebt.

Wichtig: Wenn es regnet, müssen unten geschlossene Gefäße abgenommen oder geleert werden.

Ideen für Blickfänge

- Küchenrolle und Alufolie braucht man immer wieder. Um sie griffbereit zu lagern, besorgen Sie sich eine dekorative große Blechdose, zum Beispiel von Olivenöl, Tomaten oder Keksen. Der Deckel und der Boden werden mit dem Dosenöffner herausgeschnitten, der Inhalt natürlich verwertet, und nach dem Reinigen klebt man die scharfen Kanten mit einem Stück Gewebeband ab. Nun wird ein Loch eingebohrt, damit man die Dose waagerecht aufhängen kann. Die Rollen mit Küchenpapier und Folie werden dann wie in einen Zeitungsbriefkasten geschoben.

- Bringen Sie an der Wand Balkonkastenhalter an und stellen Sie das passende Gefäß für Kräuter hinein. In einem Topfhalter der gleichen Bauserie steht ein Tontopf mit Kochlöffeln oder Besteck.
- In der Mulde von einem Reststück Dachrinne kann man Kleinteile ablegen, damit die Arbeitsfläche frei bleibt. Zum Befestigen verwendet man Dachrinnenhalterungen aus dem Baumarkt, die an der Wand oder seitlich an der Arbeitsfläche montiert werden.
- Wenn es dunkel wird, geht auch in der Outdoor-Küche das Licht aus. Damit es aber nicht ganz finster ist, befestigt man einfach an der dahinter liegenden Wand zwei Lampenhalter und hängt Laternen auf. So gibt es hier immer einen schummrigen Kerzenschein, und man sieht, was alles zusammengeräumt werden muss, bevor man zu Bett geht.

Grillen mit Holzkohleglut und Gasflamme

Das Herzstück der Outdoor-Küche

Rund um die Feuerstelle, also den Platz, an dem gebraten, gegrillt oder gekocht wird, spielt sich das Gartenleben ab. Das ist ähnlich wie in der Wohnung, wo sich Familie und Gäste auch immer wieder in der Küche tummeln. Für die Planung heißt dies: Rechnen Sie ausreichend Fläche rund um den Grill ein. Beim Grill selbst muss natürlich erst einmal die ganz grundsätzliche Frage nach dem Brennstoff beantwortet werden:

Holzkohle- oder Gasgrill?

Bei der Beantwortung dieser Frage spielen praktische Erwägungen eine entscheidende Rolle. Genau genommen ist es ein ganzer Fragenkatalog:
- Wie oft nutzen Sie das Gerät?
- Was wollen Sie damit zubereiten?
- Wo wird der Grill aufgestellt?
- Gibt es einen Stromanschluss in der Nähe?
- Wie groß ist das Gerät?
- Wie viel Platz steht zur Verfügung?
- Was lässt sich leichter reinigen?
- Wie schmecken die Gerichte?
- Ist das Verhältnis zu den Nachbarn gut?
- Welche Vorlieben beim Essen haben Sie? Gibt es Unverträglichkeiten?
- Soll der Grill gleichzeitig ein Ofen sein?
- Ist der Platz für die Outdoorküche überdacht?

Grundsätzlich stellt sich die Frage, ob Sie lieber, ganz klassisch, einen Holzkohlegrill haben möchten, oder ob Sie die Vorzüge des Gasgrills nutzen möchten. An diesem Punkt gehen die Meinungen auseinander. Der rauchige Geschmack von Holzkohle kann von keinem anderen Brennstoff erzeugt werden, selbst wenn man mit Räucherchips und Holzbrettern arbeitet.

Natürlich ist der Holzkohlegrill das Original und für seine Anhänger quasi eine Ideologie. Das Feuer und später die Glut schaffen eine tolle Atmosphäre. Wenn man dann aber zum Beispiel sieht, wie Freunde ihren Gasgrill zum Sonntagsbrunch anfeuern, um Spiegeleier, Bacon und andere Köstlichkeiten zuzubereiten, und die Kinder begeistert und ohne Widerworte eine leckere Gemüsepizza vom Gasgrill vertilgen, kommt man durchaus in Versuchung, seine Meinung zu ändern.

Grillen mit Strom

Natürlich gibt es auch noch die elektrische Variante, die allerdings wirklich nur dann in Frage kommt, wenn man wenig Platz hat oder ganz selten grillt. Die Kosten sind nämlich hoch, und daher eignet sich diese Variante nicht für den Dauereinsatz. Aber wenn Sie nur einen Balkon haben und keinen Ärger mit den Nachbarn provozieren wollen, kann ein elektrischer Tischgrill eine echte Alternative sein.

Mein Rat

Machen Sie hinsichtlich der Qualität beim Kauf eines Grills keine Kompromisse. Im Preis von Markenprodukten spiegeln sich die langjährigen Erfahrungen wider, mit denen die Produkte entwickelt worden sind. Außerdem zahlen sich hochwertige Materialien, eine ordentliche Verarbeitung ebenso wie gute Garantiebedingungen und eine kompetente Fachberatung in jedem Fall aus.

Holzkohlegrills: das Original

Wer traditionell grillen will, der nutzt den Holzkohlegrill. Das ist in erster Linie nicht eine Frage des Geschmacks, sondern eher eine der Atmosphäre. Barbeque spricht den Menschen in sehr ursprünglichen Gefühlen an: Es geht darum, Feuer zu machen, und es geht um das Feeling von Lagerfeuer. Mit diesen Elementen wird ähnlich wie beim Zelten der Mensch an seine Wurzeln zurückgeführt. Auch wenn dank Grillanzündern, Briketts und all den anderen Accessoires nicht in Frage steht, dass die Sache gelingt, bleibt dieses Gefühl.

Wer gerne mit Holzkohle grillt, wird es im Sommer nicht jeden Tag tun. Schließlich muss man wegen der Rauchentwicklung auch die Interessen der Nachbarn wahren und ist eingeschränkt. So wird das Grillen zu einem Ritual, mit dem man sich selbst Zeit nimmt zum Kochen, geselligen Beisammensein und Genießen. Zu einem großen Teil beruht die Besonderheit des Grillens auch darauf, dass es eben nichts Alltägliches ist.

Das Gefühl von Unabhängigkeit

Der klassische Holzkohlegrill besteht aus einer feuerfesten Schale für die Holzkohle und einem Rost. Ideal ist es, wenn dieses Duo eine bequeme Arbeitshöhe hat, die zudem verhindert, dass sich Kleinkinder verbrennen und Hunde sich an den Köstlichkeiten auf dem Grillrost selbst bedienen. Die Beine sollten aber auch stabil sein. Gerade bei preiswerten Grills kann die Angelegenheit leicht wackelig werden, wenn nicht nur die Grillschale, sondern auch Holzkohle sowie ein bis zwei Kilogramm leckerstes Grillfleisch darauf liegen. Ein kritischer Blick schadet insofern nicht. Häufig sind die Verbindungen zwischen Kohlenschale und Beinen korrosionsanfällig. Nach dem Winter oder einer feuchten Wetterperiode sollten Sie die Schweißstellen gründlich überprüfen. Rollen sind praktisch, weil man selbst bei einem heißen oder schweren Grill den Standort leicht mit zwei Händen ändern kann.

Soweit zu den Basics. Natürlich gibt es noch jede Menge Raffinessen, die man nicht nur als Schnickschnack abtun sollte. Einen separaten Aschetopf beispielsweise lernt man zu schätzen, denn jedes Mal nach dem Grillen die ganze Schale in die Mülltonne zu entleeren, ist eine staubige Angelegenheit. Der Aschetopf wird unter dem Kohlebehälter eingerastet, und der Inhalt kann ohne eine große Staubwolke entsorgt werden. Gleichzeitig fällt die Asche tatsächlich nach unten, und die noch nicht abgebrannten Briketts bleiben automatisch auf dem Kohlegitter liegen.

Auch wenn es nur Kohlenbriketts sind, die die Flammen höher schlagen lassen – am Holzkohlegrill kommt eine Lagerfeueratmosphäre auf, die kaum zu toppen ist.

Lüftungsmöglichkeiten sind hilfreich, um die Glut zu regulieren. Zu Anfang des Brennvorgangs hält man sie offen, und es wird automatisch Luft von unten angesaugt. Wollen Sie später die Temperatur drosseln, können Sie sie schließen und so ein optimales Grillergebnis fördern.

Der Rost

Auf das Gitter legt man das Grillgut. Es sollte in jedem Fall aus einem hochwertigen Material sein. Hierbei kommen Edelstahl oder porzellanemallierter Stahl bzw. Gusseisen in Frage, weil sie hitzebeständig und leicht zu reinigen sind. Häufig haften nämlich an den einzelnen Stäben Fleisch, Fisch und Marinadenreste an. Ähnlich wie bei der Pyrolyse im Backofen lassen sich diese Speisereste durch Erhitzen entfernen. Dazu legt man den Rost dicht über die heiße Kohle. Allerdings ist es ja meist so, dass die Glut im Verlauf des Grillens geringer wird, und bis zum nächsten Grillevent will man die schmutzigen Roste nicht unappetitlich im Grill lassen. Das heißt, man lässt den Rost erkalten und kann anschließend mit Stahlbürsten und eventuell einem flüssigen Fettlöser Verkrustungen leicht entfernen.

Auspacken und losgrillen

Vollkommen simpel funktionieren Einweggrills. Sie bestehen aus einer Aluschale, die mit Holzkohle gefüllt und mit Maschendraht überzogen ist. Für ein spontanes Picknick mit Kindern oder eine Party im Park möchte man diese Erfindung nicht missen, aber mit der Outdoor-Küche hat sie nichts zu tun. Der Vorteil der rückstandsfreien Entsorgungsmöglichkeit wird dann nämlich zur überflüssigen Abfallproduktion. Außerdem braucht man auch für Einweggrills eine hitzebeständige Unterlage, sonst ist der Rasen rasch verbrannt und auf den Steinen bleiben hässliche Rußflecken.

Schwenkgrill raus, Feuer an, jeder eine Flasche Bier in die Hand, und das Vergnügen beginnt. So könnte doch jedes Wochenende aussehen! Wenn es nicht manchmal regnen würde ...

Innerhalb von wenigen Minuten ist dieser Tischgrill mit speziellen Kokosbriketts startklar. Das Material ermöglicht gesundes Grillen ohne Rauch.

Gemauerter Grill aus Klinkersteinen

Der gemauerte Grill fügt sich perfekt in ein länd- liches Gartenambiente ein. Er ist schlicht gehalten und bietet einen geschützten Stauraum für Briketts, Anzünder und andere Utensilien. Durch die Mauern schirmt er das Feuer gut zu den Seiten ab und bie- tet benachbarten Pflanzen Schutz vor der heißen Luft, wenn er in Benutzung ist.

Der Bau des Grills ist anspruchsvoll, und Sie sollten sich für die Planung und Vorbreitung ausreichend Zeit nehmen. Messen Sie die gewünschte Grund- fläche ganz genau aus und zeichnen Sie einen Plan, um mit den Maßen, dem Aufbau und den erforder- lichen Arbeiten vertraut zu werden. So können Sie auch die Mengen für das Material leicht berechnen. Die halbrunde Öffnung des kleinen Bauwerks bildet gestalterisch den Blickfang. Damit er gut gelingt, legt man die Steine zunächst auf dem Boden aus und macht sich mit der Form vertraut. So können auch Veränderungen ausprobiert und gegebenen- falls übernommen werden.

Bevor es ans Mauern geht, muss ein stabiler Unter- grund geschaffen werden. Ideal ist eine Boden- platte, die man mit Hilfe der Wasserwaage ausrich- tet. Zunächst gräbt man entsprechend der Größe ein Loch in den Boden, damit die Bodenplatte von der Oberkante den Maßen der benachbarten Flächen entspricht. Die Fläche wird mit einer kräfti- gen Schicht Sand zum Plattenverlegen ausgefüllt. Diesen verdichtet man gleichmäßig und bringt die Fläche in Waage. Sollten die Platten dennoch nicht gerade liegen, kann man mit einigen Schaufeln Sand die Lage anpassen.

Der gemauerte Grill steht immer im Mittelpunkt. Selbst wenn es schon spät und kühl geworden ist, lockt die abstrahlende Wärme und sorgt für eine gemütliche Atmosphäre in der Sommernacht.

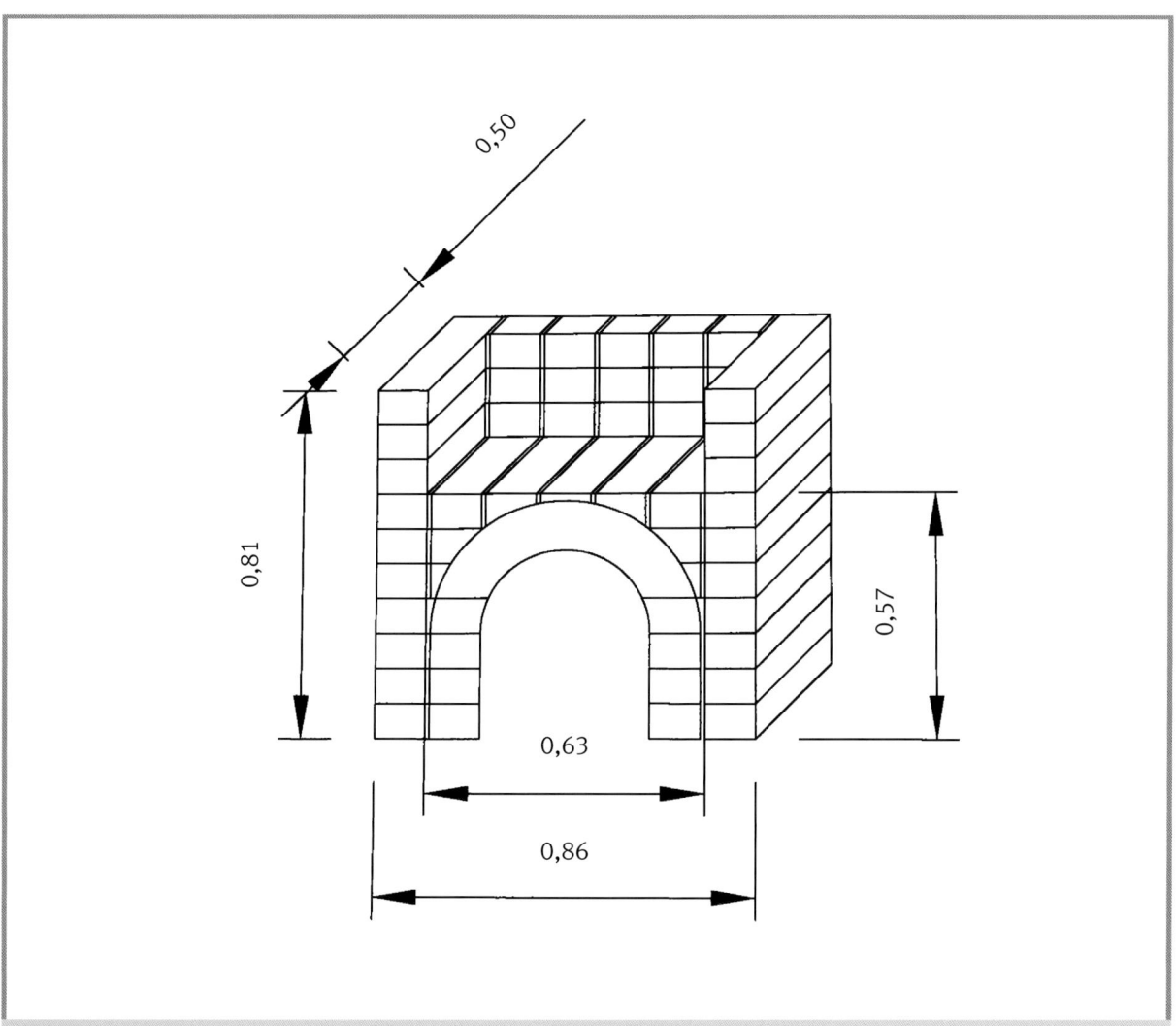

Material

- Hartgebrannte Klinker oder Schamottesteine
- Schamottemörtel
- Eisen für die Halterung des Grillrostes
- Gipskartonplatten (für die Schablone)
- Zementschleierentferner

außerdem:

- Grillrost

Werkzeug

- Maurerkelle, Maurerhammer, Fugenkelle bzw. Fugeneisen
- Wasserwaage
- Winkel
- Bleistift
- Cuttermesser

1 Die erste Reihe

Verwenden Sie einen Schamottemörtel, der sich durch seine Temperaturbeständigkeit auszeichnet. Auf die Bodenplatte wird die erste Steinreihe gemauert. Die Steine in den Mörtel drücken. Winkel und Wasserwaage helfen, die Maße einzuhalten, und sorgen dafür, dass der Bau die erforderliche Stabilität bekommt.

2 Der Läuferverband

Die Standsicherheit lässt sich durch den sogenannten Läuferverband erhöhen. Dazu werden die Steine versetzt übereinander gemauert. Eine Fuge sitzt über bzw. unter der Mitte des darunter- bzw. darüberliegenden Steins. Damit dieses auch optisch ansprechende Fugenbild entsteht, muss man einzelne Steine mit dem Maurerhammer teilen. Da der Mörtel schnell anzieht, hält man ein Stück Gartenschlauch bereit, mit dem die Fugenkehle gleichmäßig geformt wird.

3 Die Stützschablonen

Aus dem Gipskarton werden zwei Stücke ausgeschnitten, die den Segmentboden formen. Dazu nimmt man nun direkt am Bauwerk Maß, damit die Einsätze passen. Wichtig ist, dass die Rundung gleichmäßig wird. Am einfachsten schneidet man die erste Seite aus, überträgt die Außenkanten und schneidet anschließend die zweite Seite aus. Die Vorlagen werden nun hochkant in den Grill gestellt.

4 Die Bogenschablone

Die Auflage für die Steine des Segmentbodens wird ebenfalls aus Gipskarton hergestellt. Dazu schneidet man ein rechteckiges Stück aus, das größer ist als die Aussparung. Nun den Karton mit dem Cuttermesser einseitig einritzen. Wichtig ist, dass die Ritzen im gleichen Abstand und parallel verlaufen, damit die Rundung gleichmäßig wird. Nun setzt man auch dieses Stück ein.

5 Der Segmentbogen

Für den Segmentbogen werden die Steine hochkant auf die gebogene Gipskartonplatte gestellt. Die Zwischenräume werden mit Mörtel gefüllt. Mit der Wasserwaage prüft man immer wieder, ob die Konstruktion in Waage ist. Für Ungeübte macht es durchaus Sinn, die Steine erst ohne Mörtel auszulegen und die Lage zu korrigieren, bevor der Mörtel eingeführt wird. Mit Hilfe der Wasserwaage die Steine an der Vorderkante in eine gerade Reihe rücken.

6 Der Abschluss

Eine Reihe Steine wird nun flächendeckend darüber gesetzt. Die spätere Feuerfläche ist entstanden. Zwei weitere Steinreihen bilden den Abschluss. An den Seiten und an der Kopffläche legt man in die Fuge in regelmäßigem Abstand nicht rostende, verzinkte Eisen, die später als Auflage für den Rost dienen (kleines Bild). Nach 3–4 Tagen kommen die Gipskartonschablonen heraus. 14 Tage später können die Steine mit Zementschleierentferner und einer Bürste gereinigt werden. Nun steht dem Grillvergnügen nichts mehr im Wege.

Direktes oder indirektes Grillen – eine Frage der Temperatur

Würstchen, Steaks und Spieße auf den Grill, einmal wenden – fertig. So einfach ist Grillen. Die Stücke sind klein und relativ dünn, das geht fix, und man kann nicht viel falsch machen.

Liegt dagegen ein Braten auf dem Rost, dauert es länger – und wird komplizierter. Nicht selten verkohlt der Braten außen, während er im Innern immer noch roh ist. Und scheint das Fleischstück schließlich gar zu sein, wird man es meist mit einem zähen, trockenen Gericht zu tun haben.

Direktes Grillen

Liegt das Grillgut direkt über den glühenden Briketts, spricht man vom direkten Grillen. Der Vorteil

Durch regelmäßiges Wenden wird das Grillgut kross. Direkt über der Glut muss man immer ein Auge darauf haben, damit nichts verbrennt.

besteht darin, dass vor allem bei Fleisch die aromatischen Säfte und die Feuchtigkeit im Innern verschlossen werden. Wichtig ist das Wenden des Fleisches, damit beide Schnittflächen sich schließen und nicht die Säfte an der Oberseite verdunsten. Bei Fischfilets, die auf der Haut gegrillt werden, verzichtet man freilich auf das Wenden; sonst zerfällt das Fischfleisch, wenn man es auf die Innenseite legt.

Haben Sie einen Grill mit Deckel, so schließen Sie diesen. Das hat zwei Vorteile: Zum einen verteilt sich die Hitze gleichmäßig; das Fleisch wird schnell gar und bleibt saftig. Zum anderen werden Stichflammen verhindert, die sich entwickeln, wenn Fett abtropft.

Das direkte Grillen wird für Würstchen, Spieße, Koteletts, Gemüse und Fischfilets empfohlen. Als Faustregel gilt: Alle Gerichte, die nicht länger als 25 Minuten auf dem Grillrost bleiben, werden direkt gegrillt.

Indirektes Grillen

Die entsprechende Regel für das indirekte Grillen lautet: Speisen, die länger als 25 Minuten auf dem Grillrost bleiben, werden indirekt gegrillt. Diese Methode lässt sich mit dem Braten im Ofen vergleichen. Die Kohle heizt nur den Luftraum in der direkten Umgebung des Grillguts an. Dafür braucht man kein spezielles Modell. Im Prinzip können Sie jeden Grill verwenden, sieht man von den kleinen Einweggrills ab, bei denen man die Kohle nicht an die Seite schieben kann.

Genau das nämlich ist der Trick: Die glühende Holzkohle bzw. die Briketts werden seitlich an den Rändern des Grills platziert, das Grillgut legt man in die Mitte. Jetzt ist es wichtig, dass es einen Deckel zum

Wird die glühende Kohle seitlich aufgeschichtet und das Grillgut dazwischengestellt, gart es schonend. Der Geschmack wird wunderbar kräftig, und es trocknet nichts aus.

Schließen gibt, denn nur in dem geschlossenen Raum strömt die heiße Luft von oben und unten um das Grillgut – weshalb man auch darauf verzichten kann, den Braten zu wenden. Das Prinzip ist mit dem des Umluftofens durchaus vergleichbar. Moderne Holzkohlegrills verfügen über sogenannte Kohlekörbe, die verhindern, dass die Kohlebriketts beim Abbrennen doch unter das Grillgut rollen. Meist gibt es am Kohlenrost seitlich bewegliche Halter, die im Grunde die gleiche Funktion erfüllen. Sie können auch einfach eine Alutropfschale in die Mitte auf den Rost stellen, um die Kohle an den Rändern zu halten.

Es gibt auch Grillmodelle, die ausschließlich für indirektes Grillen konzipiert sind. Hier wird die Holzkohle zunächst in der horizontal ausgerichteten Schale zum Glühen gebracht. Ist die Glut optimal, stellt man den Kohlekorb vertikal. Nun können Sie Spieße, Braten oder Fischhalter mittels einer Halterung dicht vor die Hitzequelle hängen und so das Grillgut schonend zubereiten. Professionelle Spanferkel- und Hähnchengrills basieren auf diesem Prinzip. Drehspieße ermöglichen, dass das Grillgut rundum gar wird.

Natürlich ist die Methode des indirekten Grillens nicht auf den Holzkohlegrill beschränkt. Bei einem Gasgrill mit mehreren Brennern kann man die mittlere Brennerleiste ausschalten und erhält den gleichen Effekt. Bei den Gaskugelgrills mit dem sogenannten Vulkan wird die Hitze durch einen trichterförmigen Einsatz so nach außen gelenkt, und die Luftwalze entsteht.

Kugelgrills: als Vorbild eine Boje

Am Grill werden viele Geschichten erzählt. Mal sind sie wahr, mal Fantasie. Mit dieser hier können Sie auf dem nächsten Grillfest auf jeden Fall viele Zuhörer fesseln:

Der Prototyp des modernen Kugelgrills war eine Boje. George Stephan war Grillfan, aber es gab eine ganze Reihe von eklatanten Mängeln an den vorhandenen Modellen, die eigentlich nur aus Ziegelsteinen und einem Rost bestanden: Sie waren gegen Wind und Regen anfällig, unbeweglich, das Grillgut teils verbrannt und teils mit Asche gepudert. Doch der Tüftler gab nicht auf – er war ja ein echter Grillfan. Auf einem Segeltörn entdeckte er eine Boje. Diese teilte er in zwei Hälften. Die Unterseite war der Kessel, er schweißte Standbeine an, die Oberseite fungierte als Deckel. Der Kugelgrill war erfunden.

Ob die Geschichte wahr oder erfunden ist? Sie ist jedenfalls gut. Und zwar so gut, dass sie für eine gute Produkt-PR bis heute taugt und im Land des Grillens, den USA, der Kugelgrill quasi in jeden Haushalt gehört. Die Methode funktioniert, und sie bringt ein sehr gutes Ergebnis.

Im Kugelgrill erwärmt sich die Luft, sodass die Garung beschleunigt wird und das Grillgut nicht austrocknet. Gleichzeitig ermöglicht der Kugelgrill Grillspaß bei jedem Wetter.

Die Möglichkeiten des Kugelgrills

Bei einigen Grillfans ist der Kugelgrill verpönt, weil man nicht sehen kann, wie das Fleisch auf dem Rost brutzelt – zweifelsohne ein Element, das vor allem für Männer zur Atmosphäre gehört. Und selbst wenn der Grillspaß nicht von diesem Punkt abhängt, ist es am Anfang ungewohnt, dass man den Grill sich selbst überlassen kann. Die Versuchung, immer mal wieder unter die Haube zu schauen, lässt sich zugegebenermaßen nicht leugnen. Dennoch mein Tipp: Lassen Sie es. Der geschlossene Deckel ist genau der Kniff an der Sache. Die Luft erwärmt sich, und das Grillgut bleibt schön zart.

Das Grillen mit Deckel ermöglicht auch das indirekte Grillen (siehe Seite 71), bei dem sich eine Luftwalze mit heißer Luft bilden muss, die Bratenstücke, Gemüse und Meeresfrüchte gleichmäßig umspült. Durch die runde Form wird diese Zirkulation optimal – und die schonende Garung geför-

Dieser moderne Kugelgrill verfügt über eine Platte zum Anrichten. Wirklich praktisch ist der Aschetopf, der sich zum Entleeren leicht abnehmen lässt.

Für die schnelle Gartenküche holt man Grill und Küchenwagen aus der Garage und kann gleich loslegen, was ein besonderes Gartenvergnügen im Sommer verheißt.

dert. So ganz nebenbei würde durch den Deckel übrigens auch ein größerer Brand des Grillgutes gleich wieder erstickt. Und es steht nicht zu befürchten, dass Asche aufgewirbelt wird, weil die Luftbewegung sanft ist und nicht durch Wind erzeugt wird.

Vielfalt der Modelle

Der Kugelgrill in seiner ursprünglichen Form hat mittlerweile weite Verbreitung gefunden. Letztlich ist er der Prototyp für jeden Grill mit Deckel. Zwei-

fellos hat die kugelige Form viele Vorteile. Das zeigt sich auch daran, dass die Form mittlerweile auch für Gasgrills übernommen wurde. Das Prinzip überzeugt.

Hinsichtlich der Qualität gibt es große Unterschiede, die sich auch im Preis bemerkbar machen. Hier muss man eine persönliche Entscheidung treffen, die vom Budget, der Häufigkeit des Gebrauchs und den Möglichkeiten der Aufbewahrung abhängt. Mit Markenprodukten macht man auf jeden Fall keinen Fehler, da hier die Qualitätskontrolle ebenso wie die Garantiebedingungen von den Herstellern ernst genommen werden.

Jede Menge Zubehör

Wer sich im Fachhandel umschaut, wird immer wieder neues Grillzubehör entdecken. Natürlich erscheint es verlockend, wenn man mit dem Grill Pizza backen kann, Wokgerichte zubereiten, Hähnchen grillen und vieles mehr. Aber unweigerlich stellt sich die Frage: Braucht man das denn alles? Eigentlich soll die Outdoor-Küche doch unkompliziert sein.

Überlegen Sie gut, ob Sie wirklich eine Outdoor-Küche haben möchten, die intensiv genutzt wird, oder ob Sie nur hin und wieder grillen wollen. Für den, der regelmäßig mit dem Grill kocht, könnte das eine oder andere Zubehörteil nützlich sein, weil es die Arbeit erleichtert – oder Abwechslung bringt.

Auf der Grillplatte kann man marinierte Shrimps heiß braten und bequem wenden. Auf dem Rost verhindert ein Spieß, dass sie durch die Stäbe fallen.

Die Grundausstattung

Bratengabel, -zange, Pfannenwender und Grillhandschuhe sind absolutes Muss. Und man macht keinen Fehler, wenn man sie direkt am Grill aufhängt, weil sie dann tatsächlich griffbereit sind. Weiterhin sollten Sie Grillspieße haben, weil kleine Gemüsesnacks die Gäste jederzeit überraschen. Hier reichen im Normalfall aber einfache Schaschlikspieße aus Holz aus. Für Profis sind wiederverwendbare Metallspieße ideal. Doppelspieße für Garnelen und Fischhalter zählen zur Grundausstattung, wenn man lieber Fisch als Fleisch isst. Tropfschalen aus Alu haben den Vorteil, dass man Fettverbrennungen verhindert und Gemüse bequem grillen kann. Hier gilt es freilich zu überlegen, ob man sich nicht besser ein entsprechendes Geschirr zulegt, weil die Aluschalen natürlich spätestens nach dem zweiten Einsatz im Müll landen. Wer häufig Braten zubereitet, braucht einen Bratenkorb. Die Vorteile bestehen darin, dass man ihn in eine Tropfschale stellen kann, um den Saft aufzufangen, und die heiße Luft gleichmäßig rund um den Braten zirkuliert. Die angebotenen Modelle reichen von einem schlichten Thermometer bis zu einem Digitalgerät mit Funkeinheit.

Gleichzeitig hilft ein Bratenthermometer, den Garpunkt exakt zu bestimmen. Die Investition lohnt sich, weil man das Messgerät auch für den Backofen nutzen kann.

Eine schöne Ergänzung bieten Grillplatten aus Gusseisen. Sie sind flach, je nach Modell auch auf einer Seite mit Rillen versehen, und bieten zahlreiche Möglichkeiten, professionell bei hoher Temperatur zu braten. Man legt Fleisch, Fisch oder Gemüse mit etwas Öl auf die heiße Platte und wendet das Gargut regelmäßig. So wird vermieden, dass kleine Stücke in die Holzkohle fallen.

Pfannen, Platten und Steine

Darüber hinaus gibt es Pfannen in jeder erdenklichen Form und Größe. Schauen Sie, bevor Sie viel Geld ausgeben, aber erstmal in den eigenen Topfschrank. Eine normale Pfanne aus Gusseisen kann man problemlos auf den Grill stellen. Sie überträgt die Hitze perfekt. Wenn man mit Deckel grillt, kann der Stiel im Weg sein, und er wird auch sehr heiß, sollte also in keinem Fall aus Kunststoff oder Holz sein.

Feuerfeste Keramikformen, die man in der Küche hat, erweitern das Repertoire der Rezepte, weil Sie darin auch einen Auflauf machen können.

Paella-Fans haben zumindest eine große, tiefe Pfanne, die auf den Grill passt. Und wenn Sie das leckere Rezept für Rosmarin-Kartoffeln von Seite 105 ausprobiert haben, könnte es sein, dass Sie noch eine weitere Verwendung für diese Pfanne haben.

Ein heißer Stein, der für asiatische Gerichte ebenso wie für Pizza geeignet ist, erweitert die Möglichkeiten zusätzlich. Aber man muss wissen, ob sich die Investition wirklich rentiert.

Wokpfannen zeichnen sich dadurch aus, dass sie eine tiefe Mulde haben, in der die Zutaten angebraten werden, bevor man sie an den Rand schiebt. Der Saft fließt in der Mitte zusammen, und das Aroma verteilt sich. In eine Wokpfanne passt mengenmäßig viel, sie ist also ideal für Partys.

Ungeahnte Möglichkeiten

Spareribs- und Hähnchenhalter sind sicher praktisch, aber man kommt auch ohne diese Dinge aus. Sie mögen den Geschmack von Räucherwaren? Zedernholzbretter, die man in Wasser einweicht, damit sie nicht verbrennen, eröffnen neue Möglichkeiten, frische Fische wie Lachs, Forelle oder Saibling raffiniert zuzubereiten. Ein Rezept hierzu finden Sie auf Seite 102.

Auf dem Pizzastein werden die kleinen Küchlein besonders kross, und geschmacklich ähnelt die Zubereitung der im traditionellen Steinofen.

In den Wok passen große Mengen, sodass bei einem Fest nicht nur der erste Hunger schnell gestillt wird, sondern es auch mit Nachschub rasch geht.

Kohle, Grillanzünder & Co.

Holzkohle, Streichhölzer oder Feuerzeug – und schon ist das Feuer entflammt. So schnell geht es freilich leider nur bei den kleinen Einweggrills, die im Sommer an jeder Tankstelle angeboten werden. Sie funktionieren nur aus einem Grund so problemlos: Die Holzkohle ist mit einem Mittel behandelt, das den Schnellstart ermöglicht.

Am richtigen Grill braucht man ebenfalls solche Anzünder – Heizstab, Blasebalg oder Anzündkamin –, um zu einer gleichmäßigen heißen Glut zu gelangen. Aber bevor Sie sich um dieses Zubehör kümmern, sollten Sie die folgende wichtige Frage klären:

Holzkohle oder Briketts?

Es spricht nichts dagegen, wenn man für spontane Partys sicherheitshalber zwei, drei Säcke Holzkohle im Vorrat hat, doch Briketts haben viele Vorteile – nur leider auch einen gravierenden Nachteil: Sie sind deutlich teurer.

Mit diesen Utensilien sorgen Sie für einen schnellen Start beim Anfeuern, damit Briketts und Kohle rasch glühen und es sofort losgehen kann mit dem Grillen.

Beim Kauf von Holzkohle gilt es darauf zu achten, dass die Stücke nicht zu klein sind, damit es wenig staubt und sich eine gute Temperatur entwickeln kann. Grundsätzlich muss man bedenken, dass Holzkohle immer wieder nachgelegt werden muss, wenn man länger grillt. Dazu müssen Grillgut und Rost entfernt werden. Daher sollte man lieber mit Briketts arbeiten. Sie sind gepresst und können daher über längere Zeit die Hitze entwickeln. Aber auch hier gibt es deutliche Unterschiede. So sind beispielsweise Briketts aus Kokosnussfasern sehr anhaltend in der Glut. Auch die Größe der Briketts spielt eine Rolle. Achten Sie darauf, dass sie nicht zu klein sind, damit sie gut durchlüftet werden können und so gleichmäßig abbrennen. Markenprodukte stehen in der Regel für eine hochwertige Qualität, und der höhere Preis macht sich durch die verlängerte Brenndauer bezahlt. Ein weiterer entscheidender Vorteil von Briketts besteht darin, dass der Brennvorgang durch das Stoppen der Luftzufuhr unterbrochen werden kann. Man kann die Briketts dann beim nächsten Mal wieder zünden.

Ganz gleich ob Holzkohle oder Briketts: Die Vorräte müssen trocken gelagert werden. Haben sie Feuchtigkeit gezogen, entsteht beim Zündversuch jede Menge Rauch, und nicht immer gelingt das Anzünden.

Für den guten Geschmack

Meist liegen im Fachhandel neben Kohle und Briketts auch kleine Säcke mit Holzchips. Diese sind nicht zum Befeuern gedacht, sondern werden zum Räuchern verwendet. Es sind besondere Hölzer wie Hickory und Mesquite, zum Teil auch mit Whisky getränkt, die man auf die Glut gibt, damit sie einen

Der Anzündkamin wird mit Grillbriketts gefüllt. Auf den Grillrost werden zwei Anzündwürfel gelegt und angezündet. Den Kamin stellt man darüber.

Nach einer halben Stunde sind die Briketts durchgeglüht. Man schüttet sie auf den Kohlenrost (direkt grillen) oder in die Kohlekörbe (indirekt grillen).

aromatisierenden Rauch entwickeln. Um die Entfaltung für größere Fleischstück zu vergrößern, werden die Chips über Nacht mit Bier getränkt. So wird der Geschmack noch intensiver. Im Regelfall reicht es aus, die Räucherchips erst gegen Ende der Garzeit dazuzugeben.

Anzündhilfen

Mit Streichhölzern und Feuerzeug schafft man kein anhaltendes Feuer. Verstärkung tut Not. Papier ist naheliegend, aber es birgt Gefahren, wenn nämlich verkohlte Stückchen mit einsetzender Luftumwälzung durch den Garten fliegen. Benzin und Spiritus sind wegen der unkontrollierten Zündung sehr gefährlich.

Als Ersatz bieten sich zahlreiche praktische Lösungen an: Schnellzünder aus Paraffin, getränkter Holzwolle oder feinen Holzfasern. Es gibt sie portioniert in Würfelform, als Gel oder flüssig. Wichtig ist, dass man vorsichtig mit diesen Materialien umgeht und sich an die Dosierungen auf der Packung hält. Keinesfalls sollte man brennbare Flüssigkeiten aus einem Behälter in bereits gezündete Holzkohle gießen. Wer einen Elektroanschluss in der Nähe

hat, hilft sich mit einem speziellen Zündstab mit Kabel. Die Kohle wird über die Glühwendel geschichtet und entzündet sich. Sicherheit ist auch hier das höchste Gebot, und man muss genau darauf achten, dass die Kabel nicht zu heiß werden.

Der Anzündkamin

Verschiedene Vorteile sprechen für den Einsatz eines Anzündkamins. Vor allem brennen die Briketts schnell und die Wärme verteilt sich optimal. Der Topf macht den Blasebalg oder andere Anzündhilfen überflüssig. Man kann sich darauf verlassen, dass die perfekte Glut nach 30 Minuten erreicht ist und man das Grillgut auflegen kann.

Wie der Name schon sagt, beruht das Prinzip auf der Kaminwirkung. Der Aufbau besteht aus Anzündwürfeln, die auf dem Grillrost entflammt werden, und dem befüllten Topf, der darübergestellt wird. Die heiße Luft zieht von unten durch die Briketts nach oben und bringt sie zum Glühen. Neben dem schnellen Entzünden hat der Anzündkamin den Vorteil, dass man die glühenden Briketts je nach Wunsch auf den Grillrost schütten oder in seitliche Kohlekörbe verteilen kann.

Schnell gebaut – der Gabionengrill

Als Gabionen bezeichnet man mit Steinen gefüllte Gitterkörbe. Bei der Auswahl der Steine bietet sich eine gute Möglichkeit, den Grill individuell an die Gartensituation anzupassen, indem man dasselbe Material verwendet, das auch zur Befestigung von Flächen oder für Mauern verwendet wurde. Granit und Sandstein sind häufig die erste Wahl, aber auch gebrochener Beton ist denkbar. Den Grilleinsatz sowie die Feuerschale können Sie fertig kaufen; sie werden nur noch eingesetzt. Die Edelstahlflächen sind leicht zu pflegen und witterungsbeständig. Praktische Elemente dieses Grills sind die seitlichen Ablageflächen, die Stellflächen unterhalb des Grills sowie die zahlreichen Möglichkeiten, an den Gittern Handwerkszeug zum Grillen, Tücher und leichte Hängeboxen für Utensilien aufzuhängen. Mit Hilfe von zwei weiteren Gabionen, die man übereinander stellt, entsteht eine praktische Arbeitsfläche. Damit die Oberfläche ebenmäßig ist und man etwas darauf ablegen kann, wird ein Zinkblech darübergelegt. Die Kanten lässt man umbiegen und mit zwei Löchern versehen, sodass die Auflage mit Draht rutschsicher auf den Gabionen befestigt werden kann.

Bei der Suche nach einem passenden Platz gilt es ausreichend Abstand zu Bäumen und Pflanzen zu halten, damit sie nicht unter der Wärmeentwicklung leiden.

Die mit Natursteinen gefüllten Gabionen sind wetterfest und fügen sich harmonisch in ein modernes Gartenambiente ein. Dreht man den Grilleinsatz um, so entsteht ein Gartenkamin.

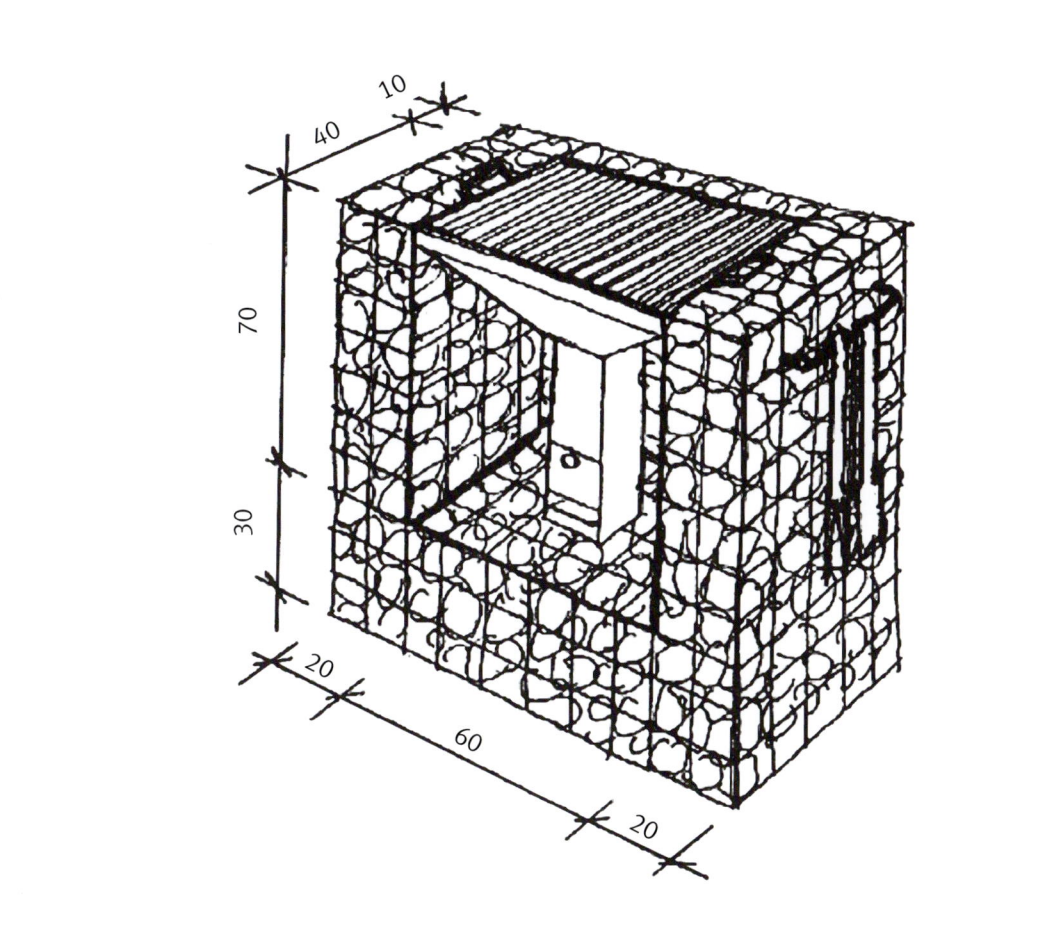

Material

- 2 Gabionen in der Größe 100 × 50 × 50 cm
  (inkl. Spiraldrähte und Spannanker)
- 10 m verzinkter Draht (Durchmesser 1 mm)
- passendes Steinmaterial in der Größe 80/120

außerdem:

- Grilleinsatz, z. B. von der Firma Thüros
  (63 × 63 × 43 cm)
- Einsätze aus verzinktem Blech oder Edelstahl:
  2 × 490 × 590 mm
  (Boden und Rückwand)
  2 × 590 × 300 mm
  (Seitenwände rechts und links)

Werkzeug

- Zange
- Bolzenschneider
- Zollstock
- Stift zum Markieren
- Wasserwaage

1 Kanten fest verbinden

Im ersten Arbeitsschritt müssen die Gitter an den Außenkanten fest miteinander verbunden werden. Dazu schneidet man aus dem Draht 10–15 cm lange Stücke. Sie werden um die Kanten gelegt und mit einer Zange fest verdrillt. Der feste Draht eignet sich besser als der mitgelieferte Spiraldraht, weil weniger Spiel entsteht. Verbunden werden zunächst nur die Eckpunkte.

2 Maßnehmen für die Ausschnitte

Nun werden die Aussparungen für den Grilleinsatz ausgemessen und angepasst. Dafür misst man den Einsatz nochmals aus und zeichnet die Maße mit einem Filzschreiber auf dem Draht an. Wichtig ist, dass die Aussparung genau in der Mitte der Gabionen sitzt. Mit dem Bolzenschneider werden die Gitter an den Kreuzungspunkten abgetrennt.

3 Der Platz für den Grilleinsatz

Die herausgeschnittenen Teile werden anschließend als Boden oder Seitenwände wieder eingesetzt. Nun müssen die fertigen Kisten nicht nur an allen Eckpunkten, sondern an allen Kreuzungspunkten mit Draht fest miteinander verbunden werden. Spätestens jetzt gilt es, den passenden Platz für den Grill zu finden. Der Untergrund sollte eben sein, gegebenenfalls koffert man die Fläche 10 cm tief aus und füllt Splitt ein, den man verdichtet. Darüber kommt eine Schicht Sand, die ganz eben ausgerichtet wird.

4 Gabionen aufeinandersetzen

Anschließend werden zunächst in den unteren Korb
die Steine dicht und eng aufeinander geschichtet.
Dicht gepacktes Material sieht nicht nur schön aus,
sondern ist auch stabiler. Spannanker dienen dazu,
die Gitter zu verstärken (kleines Bild oben links).
Nun den zweiten Korb aufsetzen, mit Drähten verbinden und anschließend mit Steinen befüllen.

5 Einbauen der Feuerschale

Die Bleche für die Feuerschale werden eingesetzt.
Wenn man sie mit kleinen Löchern (Durchmesser
1,5 mm) in den Ecken fertigen lässt, kann man die
Bleche mit Draht an den Gittern der Gabione befestigen. Die Feuerschale verhindert, dass beim Entleeren des Aschekastens Partikel in die Gabione
fallen. Außerdem bietet sie eine praktische Abstellfläche.

6 Grill fest verbinden

Zum Befestigen des Grilleinsatzes hebt man ihn
hinein und legt den schmalen Überstand auf den
Kanten der Gabionen ab. Auch der Grill sollte
waagerecht hängen. Man kann ihn mit Hilfe einer
Wasserwaage und Unterlegscheiben justieren.
Anschließend nimmt man den Spiraldraht und
verbindet den Grill mit den Gabionen (kleines Bild).
Zuletzt wird die Schale für Grillkohle eingesetzt.
Nun noch entzünden und den Rost auflegen: Jetzt
steht dem Grillvergnügen nichts mehr im Weg.

Gasgrills: nicht nur für Fortgeschrittene

Wer einen Gasgrill hat, muss von dem Reiz der Outdoor-Küche nicht mehr lange überzeugt werden. Die meisten Modelle verfügen über ein fahrbares Gestell und sind mit mehreren Brennern und seitlichen Ablageflächen ausgestattet. Die Blöcke wirken freilich sehr massiv, und man braucht ausreichend Stellfläche, damit man so ein Schwergewicht, das je nach Variante zwischen 50 und 100 kg auf die Waage bringt, bequem abstellen kann. Befürworter des Holzkohlegrills schauen zwar hin und wieder verächtlich auf die sogenannten »Gasgriller« herab, aber letztendlich geht es doch immer darum, welche Erwartungen der Grill erfüllen soll. Die Vorteile des Gasgrills liegen auf der Hand: Man kann ganz spontan sein, und die Grillsaison dauert gut und gerne 365 Tage. Die Temperatur lässt sich leicht regeln, man hat verschiedene Temperaturzonen und manchmal noch einen Seitenbrenner. Und es gibt Varianten mit einer blockartigen Grundform, Tischgeräte und sogar eine Art Kugelgrill.

Da die Brenner mit einer Zündautomatik ausgestattet sind, können sie bei Wind und Wetter gezündet werden. Meist befindet sich im Deckel des Gasbrenners ein Thermometer, mit dessen Hilfe sich die Temperatur im Garraum leicht überprüfen lässt und über das man gegebenenfalls einzelne Brenner zu- bzw. abschalten kann.

Der Brenner

Zu den entscheidenden Qualitätsmerkmalen eines Gasgrills gehört der Brenner. Neben dem klassischen runden Gasbrenner findet man auch längliche Brenner und Doppelbrenner. Die Form ist entscheidend in Hinblick auf die gleichmäßige Temperatur auf dem Grillrost. Für die Wärmeverteilung spielt dagegen die Anordnung von Brenner und Rost eine bedeutende Rolle. Der Abstand zwischen den beiden Elementen muss so groß sein, dass es nicht zu Verbrennungen kommen kann und die Hitze gut verteilt ist.

Das Material wiederum hat großen Anteil an der Lebensdauer des Grills. Man unterscheidet zwischen Brennern aus Blech oder anderen rostfreien Materialien, aus Gussstahl höherer Güte und aus rostfreiem Edelstahl. Da es schon mal sein kann, dass Fleischsaft, Marinade und Fett auf den Brenner tropfen, darf er nicht anfällig für Korrosion sein. In puncto Langlebigkeit haben sich Edelstahlbrenner deshalb eindeutig durchgesetzt.

Einige Grillmodelle verfügen über Luftleitschienen über dem Brenner. Diese verhindern zusätzlich, dass Spritzer an den Brenner kommen.

Der Brenner mit den automatischen Zündern entwickelt die Hitze. Nur wenn sie sich gleichmäßig auf dem Rost verteilt, ist ein durchgehend gleichmäßiges Grillergebnis zu erzielen.

Die Luftleitschienen

Wie bereits erläutert, verteilen die Luftleitschienen die aufsteigende heiße Luft unter dem Grillrost. Dadurch dass sie besonders heiß sind, verdampft heruntertropfende Flüssigkeit. Der entstehende Rauch führt zu einer zusätzlichen Aromatisierung des Grillguts, sodass der Geschmack von einer aromatischen Eigenständigkeit geprägt wird. Gleichzeitig werden überschüssige Fette und nicht verdampfter Saft in die Fettauffangschale geleitet. Die Luftleitschienen der meisten Modelle bestehen aus rostfreiem Edelstahl. Dieses Material hat sich sowohl hinsichtlich Lebensdauer als auch in Bezug auf die Reinigung bewährt. Hervorragende Eigenschaften bringen Luftleitschienen aus Gusseisen mit. Sie erhitzen sich gleichmäßig und geben die Hitze anschließend auch sehr gleichmäßig ab, was sich auf den Garprozess und den Geschmack ausgesprochen positiv auswirkt.

Sind die Luftleitschienen aus emailliertem Edelstahl, kann Rost nicht ausgeschlossen werden. Allerdings leidet die Funktionalität erst, wenn das Material durchgerostet ist. Die Schienen können leicht ausgetauscht werden.

Hin und wieder trifft man auf Schienen aus Lava oder Keramik. Da Lava ein offenporiges Material ist, kann es Fett aufsaugen wie ein Schwamm. Früher oder später wird dann beim Erhitzen ein Fettbrand entstehen, der nicht zu kontrollieren ist. Natürlich nimmt auch das Grillgut auf dem Rost bei so einem Zwischenfall Schaden. In der Regel ist das aber das geringere Problem, da Fettbrände nicht mit Wasser gelöscht werden können, sondern erstickt werden müssen. Zwar hat Keramik keine saugenden Eigenschaften, aber auch hier sammelt sich Fett, das man gelegentlich entfernen muss. Andernfalls kommt es ebenfalls zum geschilderten Fettbrand. Am einfachsten geht die Reinigung, indem man die Luftleitschienen umdreht und die anhaftenden Rückstände einfach wegbrennt, ähnlich wie bei der Pyrolyse im Backofen.

Auf dem länglichen Grillrost ist viel Platz für das Grillgut. Darüber hinaus wird Gemüse auf dem Warmhalterost im Deckel gegart, sodass alle Speisen gleichzeitig fertig sind.

Die Seitenkochstelle

Da man ohnehin Gas verwendet, macht es Sinn, seitlich eine zusätzliche Kochstelle haben. Hier kann man wie auf einem Gasherd kochen und hat dann quasi eine vollständige Küche, was die Hitzequellen betrifft. Wok, Pfanne oder ein normaler Kochtopf können hier zum Einsatz kommen. Wer wirklich die Küche im Sommer in den Garten verlegt, wird diese zusätzliche Kochstelle zu schätzen wissen. In der Regel sind diese Brenner immer rechts vom zentralen Grill angeordnet.

Bei einigen Modellen wird seitlich ein offener Grillrost oder eine Griddleplatte angeboten. Die quantitative Leistung wird dadurch gesteigert, aber benötigt wird sie wohl eher selten – es sei denn, man setzt den Grill in einem Gastronomiebetrieb ein.

Die Leistungsfähigkeit eines Gaskugelgrills mit zusätzlichem offenen Grillrost kann sich sehen lassen.
Auf der praktischen Ablagefläche finden alle möglichen Utensilien Platz.

Gas aus der Flasche

Gas bekommt man an Tankstellen, im Campingbedarf oder im Baumarkt. Dabei sollte man beim
Einkauf darauf achten, eine Pfandflasche zu wählen, die man einfach gegen eine befüllte aus-
tauscht. Dieses System ist praktikabel. Die Größe
der Flasche sollte sich nach dem Modell des Grills,
besser gesagt nach der Anzahl und Leistung der
Brenner richten.

Die Flaschen werden mit einem Druckminderer an-
geschlossen. Dabei muss man sehr sorgfältig arbeiten und darauf achten, dass alle Übergänge fest
miteinander verbunden sind, sodass kein Gas seitlich ausströmen kann. Das lässt sich leicht überprüfen, indem man die Verbindungsstellen mit Spül-

mittel einreibt. Öffnet man den Gashahn, würden
neben dem Ausströmgeräusch auch Blasen auf
Undichtigkeiten hinweisen.

Die Gasflasche wird unter oder neben dem Grill
platziert. Achten Sie darauf, dass der Schlauch frei
hängt und nicht unter Spannung steht. Bei größeren
Varianten wird die Flasche im Unterschrank verstaut. Ansonsten kann man die Flasche mit einem
Korb oder einem Überzug aus Textilgewebe verde-
cken. Wichtig ist dabei nur, dass keine Last auf dem
Leitungsschlauch hängt und nichts abgeknickt wird.
Apropos Sicherheit: Im Prinzip ist Gas ungefährlich.
Bei geschlossenen Grillkammern ist aber ganz
wichtig, dass man den Deckel während des Zünd-
vorgangs offen hält und erst schließt, wenn die
Brenner vollständig arbeiten. Anderenfalls sammelt

sich das Gas unter der Haube und kann beim Öffnen unkontrolliert zünden.

Die Vorteile der Kugel

Die runde Form der Grillkammer wird für den Kohlegrill gepriesen, warum also nicht auch einen Gasgrill in dieser Form bauen?

So wirkt die Einheit nicht ganz so massiv. Doch hinter der Bauweise verbirgt sich nicht in erster Linie optischer Chic, im Zentrum steht vielmehr eine besondere Technologie der Temperaturverteilung. Neben der Möglichkeit, die Hitze über den Brenner zu regulieren, kann dies mit Hilfe eines zweiteiligen, trichterförmigen Aufsatzes geschehen. Zunächst setzt man einen kleinen Trichter ein, der zuverlässig Fett und Bratensaft in die Sammelschale abgibt. Darüber kommt der zweite Ring. In der sogenannten Vulkanposition (siehe Abb. oben) ist die kleinere Öffnung nach oben gerichtet. Die Hitze wird also zusammen- und konzentriert nach oben geführt.

Nun kann man den Rost oder eine Gusseisenplatte für das Grillgut auflegen. Die Temperatur wird gleichmäßig und direkt abgegeben. Diese Grillstellung ist ideal, damit sich beim Fleisch die Poren schließen. Auch ein Wok lässt sich in dieser Stellung gut verwenden, weil die Temperatur in der Mitte sehr hoch ist. Zum Anbraten gibt man Fleisch oder Fisch und Gemüse nacheinander in die Mulde und platziert es anschließend zum Garen an den Rändern. Erst zum Schluss wird alles nochmals vermischt.

Legt man den Trichter im Gaskugelgrill mit der kleinen Öffnung nach unten ein, so spricht man von der Normalposition. Die Hitze wird nun automatisch an den Außenwänden des kugeligen Gefäßes nach oben gleitet und verteilt sich gleichmäßig im Garraum. Die Köstlichkeiten werden auf dem Grillrost platziert und garen an allen Stellen des Grills gleichmäßig.

Bei der Vulkanposition wird der Trichter mit der kleinen Öffnung nach oben aufgesetzt. Die Hitze wird in der Mitte zusammengeführt und ist dementsprechend hoch.

Ein Korb verdeckt die Gasflasche, die unter dem Grill steht. Er besteht aus einem witterungsbeständigen Kunststoff-Flechtgewebe, das man mit Wasser ganz einfach reinigen kann.

Öfen und mobile Kochstellen

Grillen ist ohne jeden Zweifel die populärste Variante des Kochens im Garten. Doch es gibt noch zahlreiche andere Möglichkeiten für die moderne Outdoor-Küche.

Brenner mit Gas oder Spiritus

Wenn es nur darum geht, eine unabhängige Feuerstelle zu haben, dann reicht im Prinzip ein einfacher Gaskocher, der in eine Arbeitsfläche eingelassen wird. Ein Beispiel dafür ist die mobile Gartenküche auf Seite 33.

Eine Gasflasche und ein Brenner – mehr braucht man nicht, um abwechslungsreich zu kochen. Als Kochgeschirr eignen sich gusseiserne Pfannen. Eine Riffelung auf dem Pfannenboden ermöglicht das Braten von Steaks und anderen Fleischstücken wie auf dem Grill. Ähnlich wie beim Gasgrill fehlt das rauchige Aroma der Holzkohle, aber dafür gibt es auch keine Rauchbelästigung.

Der klassische Spiritusbrenner, den man vom Fondue kennt, kann natürlich auch im Freien verwendet werden. Die Hitzeentwicklung ist zwar zeitlich auf die Befüllung des Brenners begrenzt, aber Sie können notfalls mit einer befüllten Reserve arbeiten. Für die Temperaturregelung muss man zunächst ein Gefühl entwickeln.

Elektrische Platten

Für die Outdoor-Küche mit Elektroanschluss bleibt kein Wunsch offen, ganz gleich, ob man auf einem normalen Kochfeld, einer Induktionsplatte oder auf dem heißen Stein kochen will. Etwas schwieriger wird es allerdings, wenn man sich entscheiden muss, welches Gerät optimal ist.

In diesem Zusammenhang stellt sich zunächst die Frage, ob es darum geht, ausschließlich auf der Kochstelle zu kochen, oder ob man einfach ein Zusatzfeld zu einem Holzkohlegrill haben möchte. Ein heißer Stein oder eine elektrische Griddleplatte sind exklusive Varianten. Wenn Sie irgendwann einfach nur mal Kartoffeln oder Reis kochen möchten, stehen Sie damit vor einem Problem – beziehungsweise doch wieder in der Küche. Auf dem Kochfeld, egal ob klassisch oder als Ceranfeld bzw. Induktionsfläche, kann man recht flexibel arbeiten. Eine wetterfeste Aufbewahrung ist für die elektrischen Platten von Vorteil, damit keine Feuchtigkeit eindringt, die die Korrosion fördert.

Der Pizzaofen

Die hohe Hitze, die zum Backen von Pizza, Flammkuchen und Broten erforderlich ist, erreicht man mit Hilfe von Schamottesteinen. Es gibt im Handel fertige Bausätze für mobile oder fest installierte Öfen. Sie bestehen aus den Schamottesteinen, einem Gehäuse und der notwendigen Technik zum Befeuern und Belüften des Ofens. Den Unterbau bildet ein fahrbares Regal, oder man mauert einen stabilen Sockel ähnlich wie in der Bauanleitung für den gemauerten Grill auf Seite 66 ff. Der Ofen wird mit Holz befeuert. Ist er einmal heiß, dann lohnt es sich, größere Mengen Pizza, Brötchen und Brot darin zu backen. Ideal ist so ein Ofen beispielsweise dann, wenn man sehr viele Gäste empfängt. Frisch gebackener Flammkuchen rundet den Gartengenuss ab. Natürlich beschränken sich die Möglichkeiten des Pizzaofens nicht auf Backwaren. Auch Braten, Aufläufe oder Schmorgerichte können hier zubereitet werden. Ideal dafür sind längliche Formen aus Emaille, Gusseisen oder Edelstahl.

Eine selbstgebackene Pizza aus dem eigenen Steinbackofen schmeckt einfach unübertrefflich und bietet den Gästen einen besonderen Genuss an Sommerabenden.

Tolle Rezepte für die Outdoor-Küche

Genießen im Garten

Das sommerliche Leben unter freiem Himmel hat etwas sehr Entspannendes. Man tankt Wärme, nimmt sich Zeit für ein spannendes Buch und genießt die Gesellschaft. Gute Freunde, die Familie und Nachbarn treffen sich im Garten, um den Alltag gemeinsam zu verbringen. Das heißt auch, dass man gemeinsam kocht.

Für jeden etwas

Wenn man im Garten das Essen zubereitet, genießt man dieses von Anfang an, und mit etwas Mut zum Experimentieren probiert man auch mal etwas Ungewöhnliches, zum Beispiel gegrillte Artischocken oder thailändisches Wokgemüse. Das gemeinsame Vorbereiten und Kochen bringt neben dem kulinarischen Genuss viel Vergnügen.

Planen Sie nicht zu viel im Voraus, denn mit einer Prise Spontaneität kann man die Stunden locker gestalten und sich auch mal überraschen lassen. So wird eine Einladung nicht zu einem weiteren Stressfaktor des Alltags, sondern verheißt auch den Gastgebern Spaß und Entspannung. Gleichzeitig bleibt genügend Zeit, während der Vorbreitungen Gedanken auszutauschen. Darüber hinaus entfallen die langen Wege zwischen Sitzplatz und Wohnung. Insofern lohnt es sich, wirklich komplett alles im Freien anzurichten und zu garen.

Die Rezepte, die man auf Gaskocher, Grill oder im Pizzaofen zubereitet, lassen keine Vorliebe und Geschmacksvariante aus. Mal setzt man ganz auf die mediterranen Aromen, mal haben asiatische den Vorrang. Vegetarier erleben eine ungeahnte Vielfalt, und Liebhaber des klassischen Grillfleischs kommen ohnehin auf ihre Kosten. Auch wer Meeresfrüchte und Fisch liebt, findet hier sicher Neues.

Grillen leicht gemacht

Die ausgewählten Rezepte – von Marinaden, Saucen und Dips bis hin zu ausgefalleneren Gourmet-Ideen – habe ich so zusammengestellt, dass Sie viele Anregungen für eine abwechslungsreiche Outdoor-Küche bekommen. Ich habe alle Rezepte für Sie ausprobiert, und sie lassen sich leicht abwandeln. Die genannten Gemüsearten für die Spieße beispielsweise können Sie problemlos durch Saisonware ersetzen.

Die angegebenen Garzeiten sind Anhaltspunkte und hängen von der Qualität der Produkte ab. Es versteht sich von selbst, dass ein größeres Stück länger auf dem Rost liegen bleibt. Es gilt die Faustregel, dass kleinere Portionen, Scheiben oder Spieße schnell gar werden, während Rollbraten und Roastbeef eine gute Stunde brauchen. Hilfreich ist ein Bratenthermometer, das man in das Fleischstück steckt. Es misst die Temperatur im Innern, sodass man nichts dem Zufall überlassen muss.

Alle Rezepte sind für vier Personen berechnet und lassen sich anpassen, wenn die Gartenrunde größer wird. Neben den gegrillten Beilagen sollte man Baguettes oder ähnliche Sommerbrote vorrätig haben.

Mein Rat

Nehmen Sie sich beim Einkaufen ausreichend Zeit und lassen Sie sich vom saisonalen Angebot inspirieren. Das bringt Abwechslung und herrlich frische Aromen auf den Tisch.

Marinaden, Saucen & Dips

Marinaden bestehen in der Regel aus drei Grundbestandteilen. Kräuter, Gewürze und Salz verfeinern das Aroma. Säuren (wie Essig oder Zitronensaft) und Alkohol (Wein, Bier, Whiskey) machen Fleischfasern zart. Und Öl, das unbedingt hoch erhitzbar sein sollte, verhindert das Austrocknen des Grillguts.

Raffinierte Aromen

Der Fantasie für Saucen und Dips sind keine Grenzen gesetzt. Geschmacklich knüpft man immer an den Gerichten an und schafft so eine Harmonie, die abrundet. Leckeren Dips kann keiner widerstehen!

Schnelle grüne Sauce

250 g Crème fraîche
250 g Joghurt
1–2 Knoblauchzehen
1 Bund Schnittlauch
½ Bund glatte Petersilie
½ Kästchen Kresse
ein paar Blättchen Borretsch, Kerbel,
Zitronenmelisse, Pimpinelle, Sauerampfer
2 saure Gurken
Salz, Pfeffer

● Kräuter waschen, trocken tupfen und im elektrischen Zerkleinerer grob hacken.
● Knoblauch schälen, zu den Kräutern geben und mit der Hälfte des Joghurts im Gerät zerkleinern.
● Kräutermischung in eine Schüssel geben, restliches Joghurt, Crème fraîche und fein gewürfelte Gurken dazugeben, mit Salz und Pfeffer abschmecken, gut 2 Stunden ziehen lassen.

Scharfe Honigsauce

300 ml flüssiger Honig, 2 EL Senf, 2 Knoblauchzehen, 1 kleine Chilischote, 150 ml dunkles Bier, Salz, Pfeffer, Tabasco

● Knoblauchzehen schälen und fein hacken.
● Honig, Senf und Bier miteinander verrühren, Knoblauch zufügen und mit Salz und Pfeffer abschmecken.
● Sauce einen halben Tag ungekühlt ziehen lassen.
● Chilischote waschen, aufschneiden, Kerne herausnehmen und ebenfalls fein hacken und zur Sauce geben; 1 Stunde ziehen lassen.
● Spare Ribs, Schweinebauch oder Nackensteaks beim Grillen mit der Sauce einpinseln.

Fenchelgelee (Foto/oben)

½ l Fenchelsaft, ungesüßt
je 100 ml Orangen- und Zitronensaft
100 ml Weißwein, 5 g Zitronensäure
500 g Gelierzucker (2:1), 2 EL grüner Pfeffer
2 EL Basilikum, in Streifen geschnitten

● Fenchel-, Orangen- und Zitronensaft sowie Weißwein mit Gelierzucker und Zitronensäure aufkochen.
● Nachdem die Mischung 3 Minuten sprudelnd gekocht hat, die Menge auf zwei Gefäße aufteilen.
● Eine Hälfte mit grünem Pfeffer vermischen, die andere mit dem Basilikum.
● Heiß in Gläser füllen, sofort verschließen und abkühlen lassen.
● Schmeckt gut zu gegrilltem Geflügel und Kalbfleisch.

Tomatengelee

3 kg reife Tomaten, 2 Lorbeerblätter
8 Pfefferkörner
500 g Gelierzucker (2:1)
1 EL Salz
6 EL Rotweinessig
Pfeffer, Basilikum, Tabasco zum Abschmecken

● Tomaten waschen, würfeln und mit Pfeffer und
den Lorbeerblättern aufkochen.
● Ein großes Sieb mit einem Leinentuch auslegen,
Masse hineingeben und Saft auffangen.
● Saft mit Essig und Gelierzucker aufkochen,
3 Minuten sprudelnd kochen.
● Mit Salz, Pfeffer und Tabasco abschmecken.
● Vor dem Abfüllen in Gläser die geschnittenen
Basilikumblätter dazugeben; Gläser verschließen
und abkühlen lassen.
● Gut zu Lamm und Rindfleisch.

Marinade für Satéspieße (Foto/unten)

3 Knoblauchzehen
2 cm Ingwer
5 EL Öl
1 EL helle Sojasauce
1 Prise Kreuzkümmel
2 EL Zitronensaft

● Knoblauch und Ingwer schälen, dann grob
würfeln.
● 1 EL Öl in der Pfanne erhitzen, Knoblauch,
Ingwer und Kreuzkümmel zugeben und bräunen.
● Alles etwas abkühlen lassen, pürieren und
mit restlichem Öl, Sojasauce und Zitronensaft
verrühren.
● Geflügelfilet in Streifen schneiden, in die Marinade legen und 1–2 Stunden im Kühlschrank
ziehen lassen.
● Vor dem Grillen Marinade abtupfen und Fleisch
wellenförmig auf Spieße stecken.

Limetten-Lorbeer-Marinade (Foto)

1 Limette
50 ml Olivenöl
1 Bund Thymian
8 frische Lorbeerblätter
Salz
Pfeffer aus der Mühle

● Limette heiß waschen, Schale fein abreiben,
Saft auspressen; Olivenöl mit Limettenschale
und -saft verrühren.
● Thymianbund waschen und die kräftigen Triebe
zu einem Pinsel zusammenbinden; Blätter von den
restlichen Zweigen abstreifen.
● Zum Marinieren Fischfilet (z. B. Heilbutt)
waschen, trocken tupfen, marinieren und Kräuter
auflegen; 1 Stunde ziehen lassen, dann grillen,
dabei Marinade mit dem Thymianpinsel auftragen;
anschließend salzen und pfeffern.

Zitronen-Dill-Dip

1 Becher Sauerrahm
1 Becher Joghurt
½ Bund Dill
1 Zitrone
1 Schalotte
1 Msp. Safran
1 Prise Zucker, Salz, Chilipulver

● Zitrone auspressen, Saft mit Safran und Zucker
vermischen.
● Dill waschen und trocken tupfen, Blätter von den
Stielen zupfen und mit einem Wiegemesser fein
hacken; Schalotte fein würfeln.
● Sauerrahm und Joghurt vermischen, Dill,
Schalotte und gewürzten Zitronensaft unterrühren.
● Mit Salz und Chilipulver abschmecken, mindes-
tens 2 Stunden im Kühlschrank ziehen lassen;
vor dem Servieren eventuell nachwürzen.
● Passt gut zu gegrilltem Fisch und Gemüse.

Marinade für Grillgemüse (Foto)

150 ml Olivenöl
4 Knoblauchzehen
1 Chilischote
1 Schalotte
½ Bund glatte Petersilie
Rosenpaprika
Salz

● Knoblauch schälen und in Scheiben schneiden;
Schalotte schälen und fein würfeln.
● Chilischote waschen, Stiel entfernen und in Ringe
schneiden, dabei unbedingt Einmalhandschuhe tra-
gen und diese anschließend wegwerfen.
● Petersilie waschen, trocken tupfen und schnei-
den; zusammen mit Knoblauch, Schalotte und Chili
zum Öl geben.
● Gemüse einpinseln und auf einem Grilltablett aus
Alu bei nicht zu hohen Temperaturen grillen.

Tomaten-Mango-Salsa

10 Kirschtomaten
1 Mango
1 kleine Knoblauchzehe
1 cm Ingwerknolle
1 EL Balsamico-Essig
½ TL Chilifäden, etwas glatte Petersilie, Oregano

● Knoblauch und Ingwer schälen und sehr fein
würfeln.
● Mango schälen und Fruchtfleisch fein würfeln;
Tomaten waschen und die Hälften vierteln.
● Tomaten, Mango, Knoblauch und Ingwer mit
Essig vermischen, gehackte Kräuter und Chilifäden
dazugeben.
● Damit sich die Aromen entfalten, die Mischung
bei ganz niedriger Temperatur langsam erwärmen,
nicht kochen, umrühren und nach 10 Minuten he-
runternehmen und abkühlen lassen.

Die »Basics«: Fleisch & Fisch

Die klassischen Grillgerichte heißen Steak, Schnitzel und Kotelett. Es sind Scheiben, die von der Holzkohle beim Garen ihren feinen Geschmack bekommen.

Die wichtigste Voraussetzung für schmackhafte Grillgerichte besteht in der Fleischqualität. Die Art der Tierhaltung und die Zeit des Reifens bei optimalen Temperaturen beeinflussen den Geschmack ganz wesentlich. Daher empfiehlt es sich, nicht auf Masse zu setzen. Biofleisch hat einen hervorragenden Geschmack und gart wesentlich besser auf dem Grill, weil es eine feste Substanz hat und weniger Wasser enthält.

Übrigens: Auch bei Würstchen und Hackfleisch für Burger schmeckt man, wenn hochwertige Produkte eingekauft wurden. Dagegen sollten Sie keinesfalls auf Fettränder oder auf feine Maserungen des Fleisches verzichten, denn sie machen das Fleisch zart während des Grillens.

Mein Rat

Holzspieße eine Nacht in kaltes Wasser legen, damit sie nicht verkohlen.

Legt man das Fleisch auf den heißen Grill und wendet es nach wenigen Minuten wird das Ergebnis perfekt: innen rosa, außen knusprig.

Der Daumentest

Bei Steaks stellt sich immer die Frage, wie man merkt, dass das Fleisch richtig gegrillt ist, also je nach Wunsch durchgebraten (»well-done«), mittelrosa (»medium«), blutig (»medium-rare«) oder stark blutig (»rare«). Profis drücken mit dem Daumen drauf. Gibt das Steak nach und wirkt schwammig, ist es innen noch stark blutig. Federt es wie beim Druck auf die Nasenspitze nach, ist es blutig. Wird das Gefühl härter, so als ob man auf den Ballen des Daumens drückt, ist der Zustand »medium«, und ganz festes Fleisch ist durchgebraten.

Es muss nicht immer Steak sein

Neben dem Steak, das kurz gebraten wird, kann man auch einen Braten oder Geflügel am Stück auf den Rost legen. Die Garzeiten sind dann länger, aber sicherlich werden die Stücke gerade im Kugelgrill – ganz gleich ob mit Holzkohle oder mit Gas – sehr zart. Eine andere Variante sind Spieße, die viel Abwechslung versprechen. Hierbei werden Fleisch- oder Fischstücke mit Gemüse kombiniert, sodass die Aromen bereits beim Grillen verschmelzen.

Burger klassisch

4 Burger-Brötchen, 400 g Hackfleisch, Rind,
1 Prise Rauchsalz, 2 Knoblauchzehen, Salz, Pfeffer,
Tabasco, Worchestersauce. Nach Geschmack
Ketchup, Tomaten, Käse, Mayonnaise

- Knoblauch schälen, fein würfeln.
- Hackfleisch mit Zwiebel, Knoblauch und Ge-
würzen vermischen, in 4 Portionen teilen und
flache Burger formen.
- Fleisch auf den heißen Grill legen, nach dem
Wenden die Brötchen kurz dazulegen.
- Burger können nun je nach Geschmack und
Hunger angerichtet werden: Brötchen mit Senf,
Barbecuesauce und Ketchup bestreichen, Fleisch
auf eine Brötchenhälfte legen, darüber Zwiebel-
ringe, Salatblätter, Scheiben von Tomate, saurer
Gurke, Käse, gegrillten Bacon und Mayonnaise;
mit der anderen Brötchenhälfte zudecken.

T-Bone-Steak (Foto)

4 T-Bone-Steaks (à 300 g)
2 Bund gemischte Kräuter
4 Knoblauchzehen, 1 Chilischote
2 TL Honig, 100 ml Olivenöl
4 EL Sojasauce

- Kräuter waschen, trocknen und grob zerschnei-
den, Knoblauchzehen schälen, Chili waschen und
Kerne entfernen.
- Kräuter und Knoblauch mit Öl, Sojasauce, Honig
im Blitzhacker pürieren, zum Schluss Chili zufügen.
- Steaks in der Marinade über Nacht im Kühl-
schrank ziehen lassen, 1 Stunde vor dem Grillen
aus der Kühlung nehmen.
- Steaks ca. 5 Minuten von jeder Seite sehr heiß
grillen, anschließend 10 Minuten bei niedriger
Temperatur ruhen lassen. Dazu passen Mais,
Folienkartoffeln und Tomaten.

Spareribs

1 kg Spareribs
2 EL Olivenöl
1 große Karotte, 1 Zwiebel
250 ml Gemüsebrühe
250 ml dunkles Bier
Salz, Pfeffer, Thymian, Chilipulver, 1 EL Kandis

● Karotte und Zwiebel schälen, würfeln und in
Olivenöl andünsten, Gemüsebrühe und Bier dazugeben, mit Salz, Pfeffer, Kandiszucker, Chilipulver
und Thymianblättchen aufkochen lassen.
● Spareribs dazugeben und bei schwacher Hitze
15 Minuten gar ziehen lassen.
● Spareribs aus dem Sud nehmen, diesen kurz mit
dem Pürierstab durchrühren und dann einkochen
lassen.
● Spareribs mit der Sauce einpinseln und bei
großer Hitze etwa 20 Minuten grillen.

Lammkoteletts mit Speck (Foto)

12 Lammkoteletts
250 ml dunkles Bier
1 EL gestoßener Kandis
Salz, Pfeffer
1 EL Rosmarinblätter, gehackt
12 dünne Scheiben durchwachsener, geräucherter
Speck

● Bier und Kandis in eine Schüssel geben;
Lammkoteletts für 2 Stunden einlegen, mehrmals
wenden, den Rosmarin mit dem Messer fein
hacken.
● Lammkoteletts herausnehmen, abtupfen,
anschließend würzen und in den Speck wickeln.
● Lammkoteletts auf einer gusseisernen Griddleplatte von jeder Seite 3–4 Minuten grillen, anschließend 4 Minuten ruhen lassen.
● Dazu passen mediterranes Grillgemüse aus
dem Wok und Bratkartoffeln.

Tagliata di Manzo

2 Rumpsteaks (à 400g)
Pfeffer, Salz, Thymian
500 g Kirschtomaten
1 Bund Raukesalat
Saft von 2 Zitronen
3 EL Taggiasca-Oliven ohne Stein
Balsamico-Essig, Parmesan

● Steaks mit Pfeffer, Salz und Thymian würzen und von beiden Seiten sehr heiß grillen, in Folie wickeln und ruhen lassen.
● Kirschtomaten in einer tiefen Pfanne kurz mit Öl, Thymian, Salz und Pfeffer anbraten, Zitronensaft und Oliven dazugeben.
● Fleisch auswickeln und mit einem scharfen Messer in dünne Scheiben schneiden, zu den Tomaten geben und bei geringer Hitze ca. 5 Minuten garen, dann mit Rauke und Parmesanflocken bestreuen.

Gegrilltes Lachssteak (Foto)

4 Lachskoteletts (à ca. 200–250 g)
Salz, Pfeffer
4 EL Zitronensaft, 2 EL Olivenöl
1 kl. Bund Sauerampfer
einige rote Basilikumblätter

● Lachs waschen und trocken tupfen; mit Salz, Pfeffer und der Hälfte des Zitronensaftes würzen, mit Olivenöl beträufeln; ca. ½ Stunde ziehen lassen.
● Sauerampfer und Basilikum waschen und trocken schütteln.
● Lachskoteletts auf dem heißen Grill von jeder Seite 2–4 Minuten grillen und anschließend 5 Minuten ruhen lassen; nachwürzen mit Salz und Pfeffer und mit Sauerampfer und Basilikum anrichten.
● Dazu passen gegrillte Kartoffeln (Drillinge) oder frisches Weißbrot.

Gemüse-Spieß (Foto)

12 Champignons
8 kleine Zwiebeln
1 kleine rote Paprika
8 Kirschtomaten
Olivenöl
Mediterrane Kräuter
Salz, Pfeffer

● Gemüse waschen bzw. schälen; Paprika vierteln und anschließend halbieren.
● Gemüse gleichmäßig auf 4 Spieße verteilen.
● Kräuter putzen und fein hacken, mit Öl, Salz und Pfeffer vermischen.
● Spieße auf den Grill legen und mit dem Öl immer wieder bestreichen, gelegentlich wenden, nach ca. 10 Minuten bei mittlerer Hitze servieren.
● Dazu passen die Schnelle Grüne Sauce (s. Seite 90) und frisches Weißbrot.

Geflügel-Ananas-Spieß

400 g Hähnchenbrust
2 Scheiben Ananas (frisch)
2 EL Joghurt
1–2 TL Curry
1 Msp. Cayennepfeffer
½ TL Salz
1 EL Honig

● Ananasscheiben auf beiden Seiten mit Honig bestreichen, ziehen lassen, nach 2 Stunden in gleichgroße Stücke zum Aufspießen schneiden.
● Joghurt mit Curry, Cayennepfeffer und Salz verrühren und auf die Hähnchenbrust streichen, 2 Stunden marinieren, dann in Würfel schneiden.
● Abwechselnd Fleisch und Frucht aufspießen und ca. 10 Minuten grillen, dabei Spieße immer wieder mit der restlichen Marinade bestreichen.
● Dazu Brot reichen.

Sardinen-Spieß (Foto)

12 frische, nicht zu kleine ausgenommene Sardinen
100 g Butter
2 EL Semmelbrösel
1 Schalotte
2 EL glatte Petersilie, gehackt
Pfeffer, Curry
24 Scheiben durchwachsener, geräucherter Speck
Zitronen

● Schalotte schälen, fein würfeln.
● Butter, Semmelbrösel, Petersilie, Schalotte,
Pfeffer und Curry vermischen und damit die
Sardinen füllen, anschließend jeden Fisch mit
2 Scheiben Speck umwickeln.
● Je 6 Sardinen hintereinander auf 2 Spieße
stecken, damit sich die Fische beim Wenden nicht
drehen; von jeder Seite etwa 4 Minuten grillen,
zum Schluss Zitronen über dem Spieß ausdrücken.

Rinderfilet am Rosmarinspieß

400 g Rinderfilet
200 ml Olivenöl
Rosmarin, Majoran, Paprikapulver, Pfeffer
Wacholderbeeren, Chilischote
8 rote Snack-Paprikas
4 lange, kräftige Rosmarinstiele

● Öl mit Rosmarin, Majoran, Paprikapulver, Pfeffer,
Wacholderbeeren und Chilischote verrühren,
Fleisch in Würfel schneiden und 1 Stunde marinie-
ren.
● Paprika waschen und halbieren, Rosmarinzweig
am unteren Ende anspitzen.
● Fleisch und Paprika abwechselnd auf die Zweige
stecken.
● Spieße auf den Grill legen und von allen Seiten
etwa 2 Minuten grillen.

Kräuter-Forelle (Foto)

4 Forellen, mittelgroß
Zitrone
je 4 Zweige glatte Petersilie, Dill, Zitronenthymian
2 Zwiebeln
Meersalz, Pfeffer, Öl

● Forellen gründlich auswaschen, trocken tupfen.
● Kräuter waschen und trocken schütteln, Zitrone in 8 Schnitze schneiden, Zwiebeln schälen und in 24 Scheiben schneiden.
● Forellen innen mit etwas Öl beträufeln, salzen und pfeffern, anschließend je 1 Zweig Petersilie, Dill und Zitronenthymian und 2 Schnitze Zitrone legen.
● Fischhalter öffnen und auf die Unterseite 3 Scheiben Zwiebel einlegen, Fisch darauf legen und mit weiteren 3 Zwiebelscheiben abdecken.
● Forellen 25–35 Minuten grillen.
● Dazu passen gegrillte Fenchelscheiben.

Roastbeef

1,3 kg Roastbeef
4 EL Senf
1 TL Honig
Salz, Pfeffer
3 Knoblauchzehen
2 cm Ingwer
Mark von 1 Vanilleschote

● Knoblauch und Ingwer schälen, mit Senf, Honig, Salz und Pfeffer im Blitzhacker zerkleinern, anschließend Mark der Vanilleschote zufügen.
● Braten trocken tupfen und rundum mit der Marinade einpinseln, 3 Stunden im Kühlschrank ziehen lassen.
● Fleisch aus der Kühlung nehmen, Grill vorheizen heiß angrillen, nach 15–20 Minuten Temperatur verringern und 30 Minuten weitergrillen.
● Kern-Temperatur sollte 50–60° C betragen.
● Dazu passen gegrillte Tomaten und Kartoffeln.

Spanferkel-Rollbraten

1,2 kg Spanferkel-Rücken mit Bauch
je 2–3 Zweige Estragon
Thymian, Majoran, Basilikum
3 EL Senf
100 g Backpflaumen
3 Zwiebeln, 2 EL Honig

● Bauch und Rücken im Stück beim Metzger auslösen lassen; Fleisch flach auslegen, mit Senf einstreichen, Kräuter hacken und mit Backpflaumen und Zwiebelringen gleichmäßig verteilen.
● Fleisch aufwickeln, sodass die Bauchschwarte den Braten außen einwickelt, festbinden und mit einem scharfen Messer die Fettschicht einschneiden; mit Salz und Pfeffer einreiben.
● In Bratenkorb auf den Grill legen, Dauer 45 Minuten, dann Honig außen auf das Fleisch streichen und 10 Minuten bei geringer Hitze glasieren.
● Dazu passt ein deftiges Graubrot.

Knusper-Hähnchen vom Grill (Foto)

1 Hähnchen
2 kräftige Holzzangen, unbehandelt, etwas Draht
Salz, Pfeffer, Paprika

● Holzzangen über Nacht in Wasser legen.
● Hähnchen auswaschen, trocken tupfen und aufschneiden.
● Rundherum mit den Gewürzen einreiben.
● Hähnchen flach auf die Arbeitsfläche legen; rechts und links neben den Keulen die Zangen von unten nach oben schieben; anschließend mit Draht die Enden der Zangen fest umwickeln.
● Zangen in den Grillrost stellen und die Hähnchen gut 50–60 Minuten grillen.
● Alternative: Hähnchen nicht aufschneiden. Nach dem Würzen mit der unteren Öffnung auf eine frisch geöffnete Bierdose schieben und diese auf einer gusseiserne Pfanne in den Kugelgrill stellen. Zubereitungsdauer 40–50 Minuten.

Für besondere Anlässe

Ein runder Geburtstag, ein Hochzeitstag oder der Besuch von ganz lieben Freunden sind ein Grund, etwas besonders Feines in der Outdoor-Küche zuzubereiten. Die Raffinesse der ausgewählten Rezepte beruht auf den ausgefallenen Zutaten. Also keine Sorge, dass die Zubereitung kompliziert oder sonderlich arbeitsintensiv wäre.

Höchstes Lob garantiert

Den Auftakt bilden Jakobsmuscheln, gefolgt von einem Saibling, der auf einem Zedernholzbrett leicht geräuchert wurde, und anschließend gibt es Lammspießchen mit Zuckermais: Mit einem solchen Menü begeistern Sie selbst verwöhnte Zungen.

Zuckermais vom Grill

2 Maiskolben
½ l Gemüsebrühe
3 TL Honig
3 TL Essig
3 TL Thymianblättchen

● Mais entblättern, Fäden entfernen und 20 Minuten blanchieren; abgießen, etwas abdampfen lassen, in 2 cm dicke Scheiben schneiden.
● Gemüsebrühe mit Honig, Essig und Thymian erhitzen; zusammen mit Mais über Nacht ziehen lassen.
● Maisscheiben 6–10 Minuten grillen, ggf. mit dem Sud nochmals einpinseln.

Plank-grilled Saibling (Foto)

4 Zedernholzbretter zum Grillen
4 Saiblingsfilets mit Haut
1 TL Meersalz
½ TL Zucker
4 TL gehackter Dill
1 Limette
Pfeffer, Fenchelpulver, Wacholderbeere, Piment

● Holzbretter über Nacht wässern.
● Fisch trocken tupfen und mit der Haut auf die etwas abgetrockneten Bretter legen.
● Schale der Limette reiben; Gewürze mit Mörser zerkleinern, mit Zucker, Salz, 3 EL Dill und 2 TL Wasser mischen und gleichmäßig auf die Fischfilets streichen.
● 20–25 Minuten bei mittlerer Hitze (Gas) oder indirekt (Holzkohle) grillen.
● Mit restlichem Dill und Limettenscheiben anrichten und heiß servieren.

Gegrillte Jakobsmuscheln (Foto)

12 Jakobsmuscheln in der Schale
100 ml Olivenöl
Saft ½ Zitrone, ¼ Bund Petersilie, gehackt
1 EL Wermut
Meersalz, weißer Pfeffer

- Schalen öffnen, das Muschelfleisch herauslösen und mit kaltem Wasser abspülen; Häutchen entfernen; orangefarbenes Corail je nach Geschmack entfernen.
- Muschelschale auswaschen, trocknen und mit aufgeschnittenem Knoblauch ausreiben; Muschelfleisch hineinlegen.
- Zutaten zu einer Marinade vermischen, über die Muscheln geben, 5 Minuten ziehen lassen.
- Auf den heißen Grill setzen; 5–8 Minuten grillen.
- Mit Zitronenhälften und Petersilienstiel anrichten, dazu Weißbrot.

Lamm mit Frühlingszwiebeln

400 g Lammfilet
12 dünne Frühlingszwiebeln
Meersalz
Pfeffer
3 EL Olivenöl
12 mittellange Holzspieße

- Holzspieße in Wasser einlegen.
- Lammfilet mit Küchentuch abtupfen und in 12 gleichgroße Stücke teilen; in eine Schüssel legen und mit dem Öl beträufeln, würzen.
- Lauchzwiebeln reinigen und das untere Stück abschneiden; restliches Grün kann für Salate und Saucen verwendet werden.
- Holzspieße abtrocknen; Zwiebel und Fleisch aufspießen, 10 Minuten bei hoher Temperatur (Gas) oder indirekt (Holzkohle) grillen.

Und dazu gibt es ...

Mit ein paar raffinierten Beilagen kommen Sie beim Grillen ganz groß raus. Wichtig ist, dass man die Aromen auf Fleisch oder Fisch abschmeckt. So passen die Pilze gut zu klassischen Steaks, während der Fenchel einen idealen Begleiter zu Fisch darstellt. Die Marinade schmeckt auch gut zu Zucchini und kleinen Zwiebeln, die man aufspießt. Das Stockbrot kann man auch als Vorspeise anbieten. Bei Kindern ist es ohne Speck sehr beliebt.

Mein Rat

Von den Rosmarin-Kartoffeln sollten Sie ruhig ein paar mehr machen, denn davon naschen alle gerne. Sie mögen keinen Rosmarin? Dann würzen Sie mit Paprika und Chilifäden. Schmeckt auch nur mit Knoblauch, Salz und Pfeffer ganz lecker.

Überbackene Pilze

4 große Champignons
2 EL Olivenöl
1 mittelgroße Gemüsezwiebel
1 Knoblauchzehe
2 Scheiben gekochter Schinken
Salz, Pfeffer, Curry
60 g geriebener Cheddar-Käse

● Champignons putzen, Stiel rausdrehen.
● Zwiebel, Knoblauch und Schinken fein schneiden und mit dem Öl in einer Pfanne braten, bis die Zwiebeln glasig sind; Füllung abkühlen lassen.
● Mischung würzen, mit Cheddar vermischen und in umgedrehte Pilzhüte füllen; ca. 6–8 Minuten grillen.

Stockbrot mit Bacon (Foto)

500 g Mehl
1 Würfel Hefe oder entsprechende Menge Trockenhefe
2 TL Zucker, 170 ml lauwarme Milch
2 TL Salz, 2 EL Kümmel
ca. 16 dünne Scheiben Bacon

● Mehl in eine Schüssel geben, Hefe hineinbröseln, Zucker dazu und 4 EL von der Milch in einer Mehlmulde verrühren; 30 Minuten zugedeckt stehen lassen.
● Mit restlicher Milch und Salz zu einem glatten Teig verkneten; 60 Minuten gehen lassen.
● Teig durchkneten, in 8 gleichgroße Stücke teilen und 30 cm langen Stränge formen.
● Speck um einen Stock wickeln, Teig spiralförmig darüber wickeln, Kümmel darüberstreuen.
● Über Holzkohlegrill backen; Stücke drehen, bis sie rundum braun und knusprig sind.

Marinierte Fenchelscheiben (Foto)

3–4 Fenchelknollen
2 Stängel Thymian
½ Kasten Kresse
50 ml Zitronenolivenöl
1 EL Reisessig
1 TL Zucker; Pfeffer, ½ TL gehackter Knoblauch

● Fenchel waschen, Boden dünn abschneiden, Fenchelgrün separat stellen; längs in ½ cm dicke Scheiben schneiden.
● Kresse schneiden, Thymianblättchen von den Stielen streifen und mit Öl, Reisessig, Zucker, Pfeffer und Knoblauch verrühren.
● Fenchel mit der Marinade einpinseln, auf den Grill legen; nach dem Wenden nochmals mit restlicher Marinade einstreichen.
● Vor dem Servieren mit Meersalz bestreuen.
● Passt zu Fisch und Geflügel.

Rosmarin-Kartoffeln

1 kg Kartoffeln
8 EL Olivenöl
3–4 Knoblauchzehen
2 Rosmarinzweige
Pfeffer, Salz, Chilifäden

● Rosmarinblätter fein hacken und mit den in Scheiben geschnittenen Knoblauchzehen zu dem Öl geben, ziehen lassen.
● Kartoffeln gut waschen und klein würfeln.
● Öl abgießen, mit Kartoffeln in eine Pfanne geben, bei hoher Temperatur auf den Grill stellen.
● 15 Minuten grillen, dann wenden und Rosmarin und Knoblauch dazugeben. Nach weiteren 10–15 Minuten mit Pfeffer und Salz würzen.
● Mit Chilifäden garniert servieren, dazu passt Kräuterquark oder Sour Cream.

Aus dem Küchengarten in die Gartenküche

Volles Aroma frisch auf den Tisch

Gärtnern und Kochen sind eng miteinander verknüpft. Wie ein Nahrungsmittel angebaut wird, spielt für die Qualität eine ebenso wichtige Rolle wie die Aspekte der Frische und Reife.
Der moderne Alltag wird nicht mehr von der vollständigen Selbstversorgung geprägt, aber es gehört zu den herrlichsten Erlebnissen des Gartenbesitzers, einige frische Produkte selber zu ernten. Zum einen schmeckt eine Tomate einfach aromatischer, wenn sie an der Pflanze ausgereift ist, zum anderen gibt uns das Wissen, dass man diese Pflanze vielleicht sogar aus dem winzigen Samenkorn selber gezogen hat, ein ganz besonders gutes Gefühl.

Das Leben unter freiem Himmel

Da auf dem Grill heutzutage nicht nur Fleisch, sondern immer öfter auch Gemüse zubereitet wird, bietet es sich an, dieses tatsächlich selber anzuziehen – ebenso natürlich Kräuter, die man zum Würzen benötigt, und Blattsalate, die als Beilage eine wichtige Rolle spielen. Für die Anzucht all dieser Pflanzen benötigen Sie keinen eigenen Gemüsegarten. Zier- und Nutzpflanzen können innerhalb des Hausgartens gut kombiniert werden. Der Anteil an der Fläche, die man dem Gemüse und den Kräutern zugesteht, hängt davon an, wie hoch der Verbrauch ist. So sichert ein Hochbeet beispielsweise für einen durchschnittlichen Haushalt mit vier Personen eine üppige Ernte. Für Paare und Singles können Töpfe und Kübel bequem den Bedarf decken, und sicher gibt es mitunter so viel Leckeres zu ernten, dass einer spontanen Party oder einem Essen in größerer Runde nichts im Wege steht.
Die wichtigste Voraussetzung für ein gesundes Wachstum und ein wohlschmeckendes Aroma ist

Zeichenerklärung

☼ sonnig	**A** Aussaatzeit (Monat)
◑ halbschattig	**E** Erntezeit (Monat)
⬆ Höhe (in Zentimeter)	⬇ Topfkultur möglich

der passende Standort. Ein paar Stunden Sonne sind unabdingbar, wenn sich die Pflanzen gut entwickeln und reifen sollen.

Die richtige Sorte auf gutem Boden

Wer Gemüse im Gartenboden anzieht, sollte darauf achten, dass es sich um ein gutes, humusreiches Erdreich handelt, das frei von Giftstoffen ist. Wenn Sie die Fläche nicht kennen, lassen Sie den Boden im Frühling von einer unabhängigen Fachanstalt analysieren, um alle Zweifel auszuschließen. Humus kann in sandige oder lehmige Böden mit Hilfe von reifer Komposterde eingebracht werden. Bei der Auswahl der einzelnen Gemüsesorten liegt das Augenmerk nicht nur auf den Eigenschaften des Erntegutes, sondern auch auf Wuchs, Eignung für die Topfkultur bzw. Gesundheit der Pflanzen. So klappt die pflegeleichte Anzucht garantiert.

Mein Rat

Hochwertige Substrate für Kübel, Töpfe und Kästen sind ihr Geld allemal wert: Sie sichern nicht nur ein gesundes Wachstum, sondern erleichtern auch die Gießarbeit, weil sie Wasser besser speichern können.

Bequem und praktisch – das Hochbeet

Das Hochbeet ist nicht nur ein in sich geschlossener kleiner Gemüsegarten, sondern hat den Vorteil, dass es den Rücken bei der Arbeit schont. Außerdem wird durch die Wärme, die bei den Umsetzungsprozessen in den übereinander geschichteten Materialien entsteht, das Wachstum der Pflanzen angekurbelt.

Der ideale Zeitpunkt, um ein Hochbeet zu bauen, ist der Spätsommer, weil zu diesem Zeitpunkt viel Schnittgut und Laub anfällt.

Gemüseanbau mit System

Das Erdreich wird etwa 20 cm tief ausgehoben, damit man den fertigen Hochbeetkasten hineinstellen kann. Den Aushub lagern Sie zunächst an der Seite. Nun aus Schnittgut (Äste, Zweige) und Laub eine 20–30 cm hohe Schicht auslegen; wenn Sie Rasensoden haben, beschweren Sie diese Schicht damit. Anderenfalls kann man einen Teil des Aushubs darüber verteilen. Darauf kommt Rohkompost, also gehäckselte Materialien und Herbstlaub in ähnlicher Höhe, und darüber wiederum der Rest des Aushubs. Anschließend wird das Hochbeet bis dicht unter die Kante mit reifer Komposterde aufgefüllt.

In den ersten beiden Jahren stehen viele Nährstoffe zur Verfügung, sodass Tomaten, Paprika, Auberginen und Artischocken gut gedeihen. Im dritten Jahr werden die Vorräte geringer, doch Sie können ohne zusätzliche Düngergaben noch sehr gut Salat und Kräuter anbauen. Spätestens im vierten Jahr wird es allerdings Zeit, die Erde auszutauschen. Nachfolgend die Anleitung zum Bau eines Hochbeetes im eigenen Garten.

Das Hochbeet, das so blau wie der Sommerhimmel strahlt, bietet jede Menge Platz für selbstgezogenen Schnittlauch, Spinat und Salat als leckere und gesunde Beilagen zu den Grillgerichten.

1 Die vier Wände

Zunächst misst man vor Ort und Stelle aus, wie breit und lang das Hochbeet sein darf. Eine Länge von 2 m ermöglicht ein bequemes Austauschen der Materialien nach drei Jahren. Die Breite sollte zwei Armlängen keinesfalls überschreiten, damit man bequem arbeiten kann. Die optimale Höhe liegt zwischen 60 und 80 cm. Mit Hilfe von drei Kanthölzern pro Längsseite werden die Wände aus den Holzbrettern zusammengeschraubt. Anschließend latten Sie die Querwände auf die Kanthölzer an den Ecken.

2 Der obere Abschluss

Eine kräftige Plastikfolie (z. B. Teichfolie) verhindert, dass die Wände von innen rasch verrotten. Diese Folie wird mit einem Tacker auf den Kanthölzern befestigt. Oben lässt man sie ca. 5 cm überstehen und fasst die Folie mit Hilfe der flach aufgelegten Abschlusslatte. Sie erweist sich als besonders praktisch, wenn man später im Hochbeet aussät, pflanzt, pflegt und erntet, weil man Utensilien bequem ablegen kann.

3 Die Unterseite

Mit Hilfe einer Querstrebe in der Mitte wird das nun fast fertige Hochbeet stabilisiert, damit es sich nicht verzieht. Außerdem wird auf die Unterseite ein engmaschiger Kaninchendraht aufgetackert. Dieser bietet den Vorteil, dass ein bündiger Kontakt zum Erdreich entsteht. Gleichzeitig verhindert er, dass sich Nagetiere in der luftigen, lockeren Materialschichtung des Hochbeetes einnisten. Zuletzt wird das Holz mit einem farbigen Schutzanstrich versehen.

Zucchini (Foto)

☼ –◑   ⬆100–200   A 2–5   E 5–11   🪣

Gemüsespieße, eingelegtes Grillgemüse und die ganze Zucchini bieten viel Abwechslung bei den Grillrezepten. Meist gibt es eine reiche Ernte.

Wuchs: Buschig niederliegend mit einem größeren Platzbedarf oder kletternd an Schnüren oder Stäben; große Blätter; gelbe trichterförmige Blüten, die man essen kann.

Pflege: Aussaat auf der warmen Fensterbank, später bei kühlen Temperaturen weiterkultivieren; ab Mitte Mai auspflanzen; Pflanzabstand bei rankenden Arten 75 cm; reichlich düngen und regelmäßig gießen. Junge Früchte sind fester und aromatischer im Fruchtfleisch als die größeren.

Sorten: 'Black Forrest' – kletternder Wuchs, kleine Früchte, geeignet für den Topf; 'Tricolor' – runde Früchte, hell- und dunkelgrün oder gelb, buschiger Wuchs; 'Venus' – längliche Früchte, kompakter Wuchs.

Aubergine

☼   ⬆50–90   A 2–5   E 7–10   🪣

Dieses köstliche südländische Gemüse eignet sich hervorragend zum Grillen. Die Früchte variieren in der Farbe der Schale von weiß bis violett. Kleinfruchtige Sorten sind ideal für den kleinen Küchengarten.

Wuchs: Aufrecht buschig, mit zahlreichen Blüten an den Trieben; große, weiche, länglich ovale Blätter.

Pflege: Aussaat auf der Fensterbank bei Temperaturen um 20 °C im zeitigen Frühling; geschützte Vorkultur auf der Fensterbank; ab Mitte Mai können die Pflanzen ins Freie; den Haupttrieb bei einer Höhe von 15–20 cm abknipsen, damit sich Seitenzweige bilden; wärmeliebend.

Sorten: 'Baby Rosanna' – ideal für Topfkultur, kleine Früchte; 'Black Beauty' – schnellwüchsig, längliche Früchte; 'Madonna' – halblange Früchte, frühe Ernte.

Fenchel

☼ –◑   ⬆30–50   A 2–5   E 6–10   🪣

Der leicht lakritzartige Geschmack ist beim Gemüse weniger ausgeprägt als bei den Körnern. Gegrillte Knollen schmecken sehr aromatisch und passen gut zu Fisch und Geflügel.

Wuchs: Krautig aus der heranwachsenden Knolle; feines, dillartiges frischgrünes Laub; Veränderungen im Tageslicht können bei früher Aussaat die Knollenbildung verhindern und lassen den Fenchel schießen.

Pflege: Aussaat auf der warmen Fensterbank, Samen nur leicht mit Erde bedecken; Jungpflanzen Mitte Mai ins Freie setzen, sonnige Plätze bevorzugen; nährstoffreiche Erde.

Sorten: 'Fino' – flache Knolle, frühe Aussaat möglich; 'Rondo' – runde Knolle; schossfest.

Paprika (Foto)

☼	↑ 30–60	A 2–3	E 7–10	▼

Ein vielseitiges und sehr schmackhaftes Gemüse, das sich gut zum Grillen eignet, aber auch einfach frisch vom Strauch genascht werden kann, weil es zahlreiche unterschiedliche Sorten gibt.

Wuchs: Strauchig verzweigt, aufrecht; kräftiger Stiel; Blüten an den Zweigen; Blätter dunkelgrün glänzend, spitz oval.

Pflege: Aussaat im zeitigen Frühjahr auf der warmen Fensterbank, ideal für die Einzelsaat in Torfquelltöpfen; bis Mitte Mai vor Frost schützen. Mitteltrieb bei der Jungpflanze ausknipsen, damit sich die Pflanze gut verzweigt, anschließend düngen; bevorzugt sonnige, warme Plätze; den ganz Sommer über regelmäßig gießen.

Sorten: ' Gourmet' – Frucht erst grün, später orange, kompakte, kleine Pflanze; 'Luigi' – rote Frucht, Snack-Paprika, aromatisch; 'Multi' – gelbe Frucht; aromatisch, für Balkon; 'Nazar' – rote Frucht, aromatisch, für Balkon; 'Tasty Grill Yellow/Red' – längliche Früchte in Rot oder Gelb.

Tomate

☼	↑ 30–80	A 3–4	E 6–10	▼

Tomaten zählen zum beliebtesten Naschgemüse, im Garten ebenso wie auf Balkon und Terrasse.

Wuchs: Buschig aufrecht oder kompakt leicht hängend; runzelige Blätter mit intensivem Geruch bei Berührung, kleine gelbe Blüten.

Pflege: Aussaat ab März; nach den Eisheiligen (15. Mai) ins Freie; mit Dach oder Folie vor Regen schützen; Pflanzen ruhig tiefer setzen, damit sie kräftige Wurzeln bilden; hoher Nährstoffbedarf; ausgeizen bei modernen Sorten nicht notwendig; schattierende Blätter über den Früchten abknipsen.

Sorten: Kirschtomaten: 'Tumbling Tom Red/Yellow' – rote/gelbe Früchte; 'Gartenperle' – hängender Wuchs. Fleischtomaten: 'Legend' – wenig Kerne, buschiger Wuchs; 'Fourstar' – große, herzförmige Früchte.

Knackig frische Salate aus der mobilen Box

Blattsalate gehören zu den Multitalenten im sommerlichen Gemüsegarten, und die Vielfalt ist enorm. Bereits wenige Wochen nach der Aussaat kann man Babyleaf- und Asia-Salate ernten. Neben dem kulinarischen Aspekt hat der eigene Salatanbau den Vorteil, dass im kleinen Haushalt die Vorratshaltung viel leichter ist, weil Sie sich einzelne Blätter für ein Sandwich oder eine Portion zum Steak einfach bei Bedarf pflücken. Reste bleiben da nicht.

Rundum gesund

Salatwiesen zum Pflücken können Sie im Sommer direkt aussäen. Wenn jedoch ein Dutzend Pflücksalate ausreichen, um den Bedarf zu decken, ist es bequemer, im Gartencenter oder auf dem Wochenmarkt Setzlinge zu kaufen, die ungefähr 10–20 Cent pro Stück kosten.

Bei der eigenen Anzucht entfallen lange Transportwege und Kühlung im Laden, sodass die knackige Ware immer ganz frisch auf den Teller kommt. Als Erde sollten Sie eine Bioerde für Kräuter verwenden, weil sie nur wenig Dünger enthält und so die Pflanzen gesund wachsen. Wer Salat in Balkonkästen, Salatboxen oder auch einfach in aufgeschnittenen Substratsäcken kultiviert, läuft nur selten Gefahr, dass sich Schnecken über die zarten Blätter hermachen. Gehören Blattläuse immer wieder zu den lästigen Insekten des Frühsommers, greift man vorbeugend zu rotblättrigen Salatsorten, die von den meist massenartig auftretenden Schädlingen gemieden werden.

Die dekorative Salatbox kann man auf einem Mauersims, der Gartentreppe oder auf einem ausgedienten Gartentisch aufstellen. Ideal sind zwei Gefäße, damit man Aussaat und Ernte zeitlich staffeln kann und die ganze Grillsaison über eine lückenlose Versorgung mit Sommersalaten garantiert ist.

1 Die Utensilien

Eine viereckige Tasche mit Griffen bietet den Salat-
pflanzen ausreichend Platz und Substrat zum
Wachsen. Ebenso können Sie einen kleinen Plastiksack mit losem Substrat verwenden. Nicht geeignet
sind Säcke mit gepresster Erde. Um die einfache
Hülle für das Substrat zu kaschieren, baut man aus
Mini-Weidenzäunen eine schmucke Umrandung,
die sich im Winter bequem zusammenklappen
lässt. Im Fachhandel werden die Sets zum Selbstbau angeboten.

2 Der kleine Weidenzaun

Die vier Elemente des Weidenzauns werden an den
Kanten jeweils mit zwei Kabelbindern so verbunden, dass ein wenig Spiel zum Zusammenklappen
bleibt. Praktisch ist es, wenn man die vier Elemente
flach auslegt und locker verbindet und die vierte
Ecke dann stehend schließt. Alternativ können Sie
natürlich auch einen Erdsack in einen Kartoffelkorb
stellen. Löcher in dem Plastiksack verhindern, dass
sich Staunässe bildet.

3 Die Bepflanzung

Eine 2–3 cm dicke Schicht aus Blähton auf dem
Boden der Pflanztasche optimiert die Wasserver-
sorgung in der Salatbox. Darüber wird das Substrat
gefüllt und durch Aufstoßen etwas verdichtet.
Alternativ lässt sich mit dem Wasserstrahl für eine
leichte Verdichtung sorgen. Nun werden die Salat-
setzlinge mit ausreichend Abstand gepflanzt. Sie
können natürlich auch die Salatwiese direkt säen
oder Saatbänder auslegen.

Eichblatt-Salat (Foto)

☀–◐   ↕ 20–50   **A** 03–07   **E** 05–11   🪣

Eichblatt zählt zu den Pflück- oder Schnittsalaten, bei denen man immer nur die größten äußeren Blätter erntet, sodass die Rosette fortwährend Nachschub liefert.

Wuchs: Rosetten mit lockerem Wuchs, eingeschnittene Blätter, je nach Sorte mit roter oder rein grüner Färbung.

Pflege: Aussaat auf der Fensterbank ab März, später im Freiland; für kleine Mengen sind vorgezogene Setzlinge ideal; frischer, durchlässiger Boden; bei Trockenheit gießen; erste Ernte je nach Jahreszeit nach 3–5 Wochen.

Sorten: 'Green Salad Bowl' – große, feste Köpfe; 'Navara' – intensiv rot, resistente Sorte; 'Red Salad Bowl' – große Köpfe, spätschossend.

Zuckerhut

☀–◐   ↕ 20–40   **A** 1–12   **E** 1–12   🪣

Dieser Salat ist mit dem Chicorée verwandt, was man an dem leicht bitteren Geschmack erkennt. Er ist interessant, weil er den Salatbedarf in der Winterhälfte deckt. Schmeckt auch im Wok kurz angedünstet sehr gut.

Wuchs: Feste, kegelförmige Blattrosetten, die an einen Zuckerhut erinnern und sehr fest zusammensitzen; kräftige Wurzelknolle.

Blüte: Aussaat im Sommer; zu dicht stehende Pflanzen unbedingt vereinzeln, damit sich die Köpfe gut entwickeln; Ernte der Salatköpfe etwa nach 90 Tagen möglich; verträgt leichten Frost im Herbst; kühle Lagerung möglich, wenn es dauerhaft friert.

Sorten: 'Pan di Zuccero' – bewährte Sorte, die einen festen Kopf bildet; 'Stamm Vatter' – frostunempfindlich, lagerfähig.

Rucola, Rauke

☀–◐   ⬆ 20–40   **A** 1–12   **E** 1–12   🪣

Weil der Geschmack der Rauke so intensiv ist, wird der Salat auch wie ein Gewürzkraut verwendet. Der Geschmack verstärkt sich, wenn man das Kraut etwas anwelken lässt.

Wuchs: Rosettenähnlich; längliche grüne, gefiederte Blätter mit kräftiger Mittelrippe; weiße Blüten in einer Traube; sät sich auch selbst aus, zum Teil frosthart.

Pflege: Ganzjährige Aussaat möglich, im Winterhalbjahr im Frühbeet oder auf der Fensterbank; Kräutererde als Substrat; pflegeleicht; die äußeren großen Blätter können geerntet werden, ohne das Herz der Pflanze zu beschädigen.

Sorten: 'Ruca' – schnellwachsend, für Balkon und Terrasse; 'Runaway' – aromatisch, verträgt Frost; 'Wilde Rauke ' – gelbe Blüten, sehr intensiver Geschmack.

Baby-Leaf-Salat (Foto)

☀–◐   ⬆ 5–15   **A** 3–8   **E** 4–9   🪣

Ähnlich wie die klassischen Schnittsalate wird der sogenannte Baby Leaf angebaut. Neben typischen Klassikern wie rotem und grünem Eichblatt enthält diese Mischung Endiviensalate, Spinat, Sauerampfer, Stielmangold und Rote Bete. Die angebotenen Mischungen variieren. In Frankreich kennt man solche Mischungen aus ganz jungem Salat als Mesclun, in Italien wird er Misticanza ('Italienische Salatwiese') genannt.

Wuchs: Mischungen aus unterschiedlichen Blättern in verschiedenen Grün- und Rottönen, dicht nebeneinander wachsend.

Pflege: Saatgut flächig ausbringen, feucht halten; junge Blätter pflücken, dabei möglichst das Herz nicht beschädigen, damit sich neue Blätter entwickeln; Kultur auch in Blumenkasten oder Topf möglich.

Asia-Salat

☀–◐   ⬆ 5–15   **A** 3–08   **E** 4–10   🪣

Unter Asia-Salaten, auch als 'Oriental Green' im Handel, versteht man eine Mischung aus Mizuna, Misome, Komatsuma, Mustard Red Giant und Shungiko. Hinter den exotischen Namen verbergen sich verschiedene Blattkohlsorten wie beispielsweise Pak Choi, Senfspinat und Salatchrysanthemen.

Wuchs: Mischungen aus unterschiedlichen, roten und grünen Blättern, die geerntet werden, bevor sich die typischen Wuchsformen entwickeln.

Pflege: Aussaat bei niedrigen Temperaturen in regelmäßigen Abständen, damit man immer wieder frisch ernten kann; ideales Substrat ist Kräutererde; gleichmäßig feucht halten; erst ernten, wenn die ersten Blätter größer geworden sind und sich ausgefärbt haben; im Winter immer bis zu den Mittagsstunden mit der Ernte warten; die Sorten vertragen meist leichten Frost.

Aromenvielfalt aus der Kräuterampel

Zur Kunst des Würzens gehören frische Kräuter. Sie verleihen mit feinen Aromen den Speisen ihren einzigartigen Geschmack. Wächst der Vorrat im Garten oder auf Balkon und Terrasse, kann man sich von strengen Rezeptvorgaben lösen und ausprobieren, ob Zitronen-Thymian dem Ratatouille eine frische Note verleiht oder welche Raffinesse die Champignonpfanne durch Estragon bekommt.

Der Geschmack des Sommers

So unterschiedlich die Ansprüche der verschiedenen Kräuter an den Standort und die Feuchtigkeit des Bodens sind, so einheitlich sind sie hinsichtlich des Nährstoffbedarfs – nämlich bescheiden. Ein magerer Boden und wenig Dünger garantieren, dass sich die Pflanzen im Geschmack gut entwickeln.

Zu den Kräutern der mediterranen Küche gehören die Klassiker Rosmarin, Thymian, Oregano und Salbei. Sie alle lieben Wärme und bevorzugen einen durchlässigen Boden.

Basilikum, das ebenfalls zum Aromenspektrum der Mittelmeerküche zählt, wächst auf frischen, humosen Böden optimal. Wärme kann es nicht genug bekommen, und daher sollten Sie es auch nicht zu früh ins Freie bringen. Meist sind erst Anfang Juni die Temperaturen so, dass die Pflanzen gut wachsen.

Zitronen-Melisse, Estragon, Petersilie, Kerbel, Schnittlauch und Dill bilden die Basis für Abwechslung in der Salatküche. Wer beim Kochen gerne experimentiert, bevorratet sich mit Minze, Lavendel, Zitronengras und Koriander.

Buschige Kräuter wie Lavendel, Kerbel und Majoran eignen sich als Begleiter im Blumenbeet. Bei Schnittlauch, Petersilie, Rosmarin, Salbei und Basilikum ist die Topfkultur zu empfehlen, weil man abgeerntete Pflanzen zum Regenerieren an die Seite stellen und den Bedarf mit frischen Pflanzen decken kann. Wer nur wenig Platz hat, hängt sich eine Kräuterampel auf, die mit einem aromatischen Potpourri aus klein bleibenden Kräutern und Arten mit hängendem Wuchs bepflanzt wird.

Ein Drahtkorb hat den Vorteil, dass man in die seitlichen Pflanzlöcher Kräuter mit hängendem Wuchs pflanzen kann, beispielsweise Thymian.

1 Der Verdunstungsschutz

Der Weidenkorb, der als Gefäß für die Kräuterampel aufgehängt wird, sollte mit einer Plastikfolie
ausgeschlagen sein. Das hat zwei Vorteile: Wasser
verdunstet nicht so schnell, und das Substrat wird
beim Gießen nicht herausgespült. Bei Drahtkörben
erfüllen Einsätze aus Kokosfasern oder fester
Pappe diesen Zweck. Schneiden Sie in die Einsätze
einige wenige Löcher, dann kann überschüssiges
Wasser auf jeden Fall abtropfen.

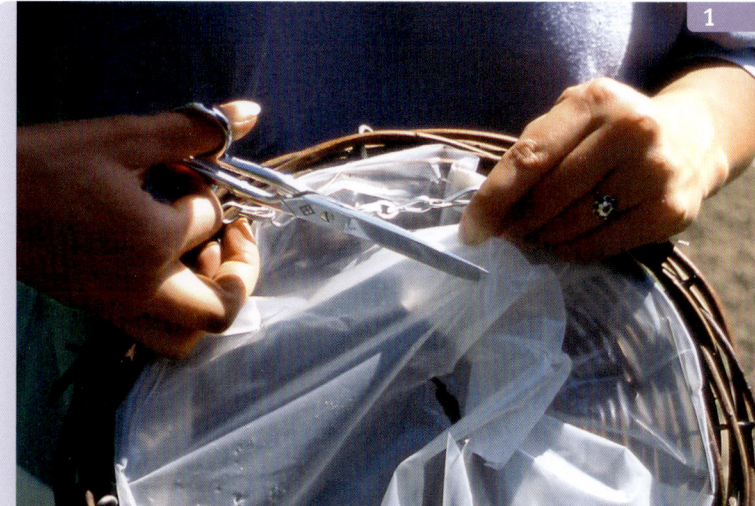

2 Die Wachstumsgrundlage

Das Pflanzsubstrat sollte zwei wichtige Eigenschaften besitzen: Geringer Nährstoffgehalt lässt die
Kräuter langsam wachsen, sodass das Aroma sich
voll entwickelt. Und eine gute Wasserhaltefähigkeit
ist die Grundlage für gleichmäßige Entwicklung.
Einige Schaufeln Tongranulat oder eine kleine Hand
voll Gesteinsmehl können bei Kräutererden die
Speicherfähigkeit für Wasser verbessern.

3 Der passende Standort

Wenn Sie die Kräuterampel an einen sonnigen Platz
hängen, können Sie auf der Vorderseite mediterrane Kräuter pflanzen, die mit sommerlicher Wärme
gut klarkommen. Weichblättrige Arten wie Koriander, Basilikum und Kerbel wachsen auch in der
zweiten Reihe, wo die Temperatur etwas geringer
ist. Bei extremer Hitze empfiehlt es sich, die Ampel
über die Mittagszeit in den Schatten zu hängen.

Rosmarin (Foto)

| ☀ | ↕ 10–50 | A 2–5 | E 5–11 | 🪴 |

Ein pflegeleichter Klassiker, dessen Blätter für Fleischmarinaden ideal sind.

Wuchs: Buschig, aufrecht oder niederliegend, hängend; starre Triebe mit nadelförmigen Blättern, Oberseite dunkelgrün, Unterseite grau bereift; ab Februar hell- bis dunkelviolette Blüten in den Blattachseln.

Pflege: Sämlinge können frühestens im zweiten Jahr beerntet werden; Pflanzen auf durchlässigen Boden pflanzen; vollsonniger Standort optimal; im Winter unbedingt mit Reisig vor nasser Kälte schützen; Rückschnitt erfolgt durch regelmäßige Ernte; ab August können Sie Triebe ernten und für den Wintervorrat trocknen.

Sorten: 'Boule' – hängender Wuchs, frostfest; 'Hill Hardy' – kompakter Wuchs, dichte Belaubung; 'Veitshöchheim' – wüchsig, winterhart, aufrecht.

Salbei

| ☀ | ↕ 20–60 | A 2–5 | E 5–11 | 🪴 |

Der blühende Halbstrauch, der auch im Winter seine Blätter hält, lässt sich gut im Beet mit Rosen und Stauden sowie in Kübel und Kasten mit herbstlichen Zierpflanzen kombinieren.

Wuchs: Aufrecht, buschig; schmale bis breite ovale Blätter, meist graugrün, je nach Sorte rötlich oder cremefarben gezeichnet; im Juni und Juli violette Lippenblüten bei älteren Pflanzen.

Pflege: Anzucht durch Aussaat langwierig; Jungpflanzen ab März ins Freiland; durchlässiger, kalkhaltiger Boden; regelmäßiger Rückschnitt durch Ernte; Winterschutz mit Koniferenzweigen gegen Nässe.

Sorten: 'Berggarten' – große Blätter; 'Icterina' – goldgelbe Panaschierung; 'Purpurascens' – rote Blätter; 'Rotmühle' – feine cremefarbene Blattränder; 'Tricolor' – unregelmäßige weiße Zeichnung der Blätter mit zartrotem Hauch.

Basilikum (Foto)

☀–◐ ⬆ 20–50 A 4–6 E 6–9 🪴

Die wichtigste Zutat für Pesto ist das einjährige Basilikum, das mit seinem kräftig würzigen Aroma zu den Kräuterfavoriten des Sommers zählt.

Wuchs: Buschig, aufrecht; je nach Sorte große oder kleine länglich runde Blätter, frisch grün glänzend; kleine weiße Blüten in den Spitzen.

Pflege: Aussaat ab März auf der Fensterbank; Lichtkeimer, daher Samen nicht mit Erde abdecken; veredelte Jungpflanzen sind besonders robust; ab Juni ins Freie in frische, humose Erde; gleichmäßig feucht halten; frühzeitiges Entspitzen fördert die Verzweigung.

Sorten: 'Balkonstar' – kleinblättrig, kugeliger Wuchs; 'Baristo' – veredelte Sorte; 'Bordeaux' – rotblättrig; 'Genoveser' – großblättrig, intensiver Geschmack; 'Zitronenbasilikum' – zitroniges Aroma.

Petersilie

☀–◐ ⬆ 10–50 A 3–5 E 5–11 🪴

Während die Mooskrause Petersilie vor allem zum Garnieren verwendet wird, schmeckt die glattblättrige Aroma-Petersilie deutlich intensiver und wächst höher.

Wuchs: Kräftige Stiele rosettenförmig aus dem Herz; rübenartige Wurzel; Blätter kraus oder glatt am Ende der Stiele; weiße Blüten.

Pflege: Aussaat auf der Fensterbank oder im Frühbeet ab März, später auch Direktsaat im Freiland; späte Aussaaten (Juli/August) zweijährig; humose, gleichmäßig feuchte Erde, Standort im Beet möglichst jährlich wechseln; Stiele immer so ernten, dass das Herz unbeschädigt bleibt und neu austreiben kann.

Sorten: 'Lisette' – mooskrauses Blatt, auch für Topfkultur; 'Gigante d'Italia' – glatte Sorte, wüchsig, aromatisch.

Thymian

☀ ⬆ 5–20 A 2–3 E 6–10 🪴

Ein Zwerg unter den Kräutern, der nicht nur in der mediterranen Küche, sondern auch in der heimischen einen überzeugenden Platz hat, wenn es um die Bekömmlichkeit geht.

Wuchs: Kleine, aufrechte Sträucher oder niederliegende Polster; rundlich spitze, olivgrüne Blätter, Sorten mit gelb oder weiß gezeichneten Blättern; lilarosafarbene Blüten.

Pflege: Aussaat langwierig; Polster leicht zu teilen; magerer, durchlässiger Boden; kräftiger Rückschnitt im späten Frühling fördert den Neuaustrieb und den buschigen Wuchs.

Sorten: 'Argenteus' – flacher Wuchs, weiß gerandete Blätter; 'Compactus' – gedrungener Wuchs; 'Fleur Provencale' – kräftiges, aber feines Aroma; 'Orange Spice' – Aroma von Orangen; Thymus × citriodorus – Zitronenaroma.

Gemüse für Gourmets

Je mehr Rezepte man studiert, desto mehr Neues und Exotisches entdeckt man auch. Doch nicht alle Gemüse- und Kräuterarten, die in Rezepten vorgeschlagen werden, kann man frisch kaufen. Also wälzt man nicht mehr nur Kochbücher, sondern auch Gartenbücher, schlägt in Samenkatalogen nach und startet vor dem Kochvergnügen in das Gartenvergnügen, indem man das seltene Gemüse selber zieht.

Feines Gemüse dekorativ in Szene gesetzt

Bei exotischem Gemüse gibt es häufig einen guten Grund dafür, dass sie bei uns nur selten angeboten werden: Sie benötigen ein warmes Klima für das Wachstum. Seltener liegt es daran, dass der Geschmack nicht den mitteleuropäischen Vorlieben entspricht, wie beispielsweise bei Cardy, einem gebleichten Stielgemüse, das ähnliche Bitterstoffe enthält wie Artischocken. Beide sind auch miteinander verwandt.

Zu den feinen, wärmeliebenden Arten der Gartenküche zählen Okraschoten, Zuckermais und Artischocken. Gleichzeitig darf man den Nährstoffbedarf dieser Pflanzen nicht unterschätzen. Es empfiehlt sich daher, ein Substrat für Tomaten und anderes Fruchtgemüse zu kaufen.

Dieses gilt auch für Spargelbohnen, die bei ausreichender Wärme Schoten von mehr als einem halben Meter Länge bilden. Sie werden wie die grünen Hülsenfrüchte bei uns verwendet.

Dazu kommt die Wiederentdeckung traditioneller Gemüsearten. Mitunter dauert es freilich einige Jahre, bis der Markt darauf reagiert. So lässt sich beispielsweise Melde als Salat leicht selber anziehen. Mangold, der mit seinen buntstieligen Sorten in jedem Blumenbeet eine Attraktion ist, kann man als farbigen Blickfang gärtnerisch wie kulinarisch verwenden.

Natürlich gibt es auch im Bereich der Klassiker Karotten, Kohl und Hülsenfrüchte ebenso immer neue Sorten, die mitunter auch ungewöhnliche Früchte liefern und damit die kreativen Kochideen fördern. In den Ansprüchen unterscheiden sich diese meist nicht von den bekannten Sorten. Man muss nur bedenken, dass sie ebenso wie Kürbisse mehr Platz benötigen, und dass man dem Gemüse dementsprechend mehr Fläche im Garten zugestehen sollte.

Essbare Blüten

Kaum etwas vermag einem Gericht mehr Raffinesse zu verleihen als essbare Blüten. Zu den feinsten Arten zählen die Knospen von Kapernstrauch und Artischocken. Während die klimatischen Bedingungen für Erstere hierzulande keine günstigen Bedingungen finden, kann man Artischocken in unseren Breiten gut aus Samen anziehen und sie dann sowohl in der Rabatte als auch im Topf weiterkultivieren.

Für Feinschmecker lohnt es sich, Rosen, Stauden und Sommerblumen auch danach auszusuchen, ob sie essbare Blüten liefern. Wenn die Duftveilchen im Frühling abgeerntet und verblüht sind, folgen im Frühsommer Gänseblümchen und die kugeligen Blüten von Schnittlauch. Wer nur auf Balkon oder Terrasse gärtnert, zieht Hornveilchen in der Blumenampel. Sie bescheren uns bis in den Juni immer reichlich frisches Erntegut für Salate und Garnierungen.

Wenn Sie mit Rosenblüten kulinarisch verfeinern möchten, hat die eigene Ernte den Vorteil, dass Sie so ganz sicher sein können, dass sie unbehandelt

Artischocken brauchen ein nährstoffreiches Gemüsesubstrat. In Terrakottakübeln entwickeln sich die Pflanzen mit den großen Blüten obendrein zu einem dekorativen Sichtschutz.

sind. Freilich gilt es, die richtige Sorte zu finden, denn die Welt der Rosendüfte ist breit gefächert. Die öfter blühende Sorte 'Rose de Resht' ist eine gute Empfehlung, denn der Ertrag einer ausgewachsenen Pflanze reicht für Desserts, Salate oder als aromatischer Blickfang in der Bowle.

Ein Muss für jeden Gourmet ist Borretsch, dessen wasserblaue Blüten der reine Augenschmaus sind, und zum Glück hört dieses einjährige Küchenkraut erst im Herbst auf zu blühen. Ringelblume und Kapuzinerkresse liefern reichlich Material für das Farbspektrum von Gelb über Orange bis Rot. Die Einjährigen kann man gut im Kübel oder Balkonkasten ziehen und so die Gerichte mit einer pfiffigen Note versehen. Selbst ein schlichter Blattsalat wird mit ihren Blüten zum Blickfang.

Artischocke (Foto)

☀	⬆60–150	**A** 2–4	**E** 9/2. J. 7	🪣

Die delikaten Blüten des Gemüses schmecken fein-
herb. Junge Knospen oder die Böden von großblüti-
gen Sorten lassen sich als Antipasti grillen. Saatgut
für kleinblütige Sorten können Sie aus dem Urlaub
im Mittelmeerraum mitbringen.
Wuchs: Aufrechte, kräftige verzweigte Stiele, silb-
rige dekorative Blätter; Blüten entwickeln sich an
den Ende der einzelnen Zweige.
Pflege: Aussaat ab Februar auf der Fensterbank;
Samen in hohe Töpfe einzeln legen, damit sich die
Wurzel gut und ungestört entwickeln kann; Mitte
Mai an sonnige Plätze auspflanzen, große Pflanzab-
stände lassen; reichlich düngen; Knospen vor der
Blüte abschneiden und zubereiten; in milden, nicht
zu feuchten Wintern zweijährige Kultur möglich.

Sorten: 'Große von Laon' – zahlreiche Knospen; 'Vert Globe' –
große, rundliche Blüten.

Okra (Foto)

☀	⬆80–130	**A** 4–05	**E** 8–10	🪣

Indische und afrikanische Rezepte enthalten die
auch »Ladyfinger« genannten Schoten, die in Mit-
teleuropa selten angeboten werden. Die Pflanze
zählt botanisch zu den Malvengewächsen.
Wuchs: Aufrecht, buschig, einjährig; gezahnte Blätter; große gelbe Malvenblüten, aus denen sich die
typischen fünfkantigen Schoten später entwickeln.
Blüte: Aussaat auf der warmen Fensterbank im
Frühling und frühzeitig pikieren; ab Mitte Mai an
geschützten, warmen Standort pflanzen; eventuell
in ein Tomatenhaus pflanzen; hoher Nährstoff- und
Wasserbedarf während der gesamten Wachstums-
phase.

Sorten: 'Clemson Spinless' – grüne Früchte; 'Red Burgundy' –
rote ca. 15 cm lange Früchte.

Zuckermais (Foto)

☀   100–180   A 4–5   E 8–10   🪣

In der zweiten Sommerhälfte kann der leckere Mais geerntet werden und bringt Abwechslung in das Grillvergnügen.

Wuchs: Haupttrieb mit breiten frischgrünen Blättern; endständige männliche Rispe; weibliche Blüte in den Blattachseln, vollständig von Hüllblättern umwickelt.

Pflege: Aussaat nicht vor Ende April; zwei Samen 5 cm tief bei ca. 20 cm Abstand legen; sonniger, warmer Standort, nährstoffreicher Boden; Wachstum temperaturabhängig, bei Wärme reichlich wässern; ernten, wenn sich die Kolben gelb färben; Zuckermais für asiatische Küche entsprechend früher ernten.

Sorten: 'Golda' – zuckersüß; 'Minor'- ideal für Kübel, junge Kolben sehr schmackhaft; 'Snobaby' – weiß, ideal für asiatische Küche; 'Tasty Gold' – mittelfrüh.

Zuckerschote

☀–◐   ↑ 60–80   A 3–6   E 6–8   🪣

Knackig frisch, lassen sich Zuckerschoten mit geringem Arbeitsaufwand im Wok oder in der Pfanne lecker zubereiten.

Wuchs: Kletternd an Stäben oder zierlichen Spalieren; frischgrüne Blätter, spiralig drehende Ranken; weiße mittelgroße Schmetterlingsblüten.

Pflege: Einzelsaat direkt in Beete oder Kübel; Abstand 20–30 cm; dünne Bambusstäbe oder Maschendraht als Rankhilfe; frische, humose Erde, gleichmäßig feucht halten; mehrere Aussaaten im zweiwöchigen Abstand sichern die Ernte über viele Wochen; junge, zarte Schoten ernten.

Sorten: 'Delikata' – mehltauresistent ; 'Frühe Heinrich' – frühe Sorte; 'Oregon Sugar Pod' – mittelfrühe Sorte, lange Erntezeit; 'Snow Green' – ideal für Töpfe, 60 cm hoch.

Kapuzinerkresse

☀–◐   ↑ 3–8   A 5–3   E 6–10   🪣

Die Blüten sehen nicht nur dekorativ aus, sondern würzen auch Salate mit einer pfeffrigen, scharfen Note. Junge Fruchtansätze können als Kapernersatz in Essig eingelegt werden.

Wuchs: Buschig überhängende bzw. buschig kompakte Pflanzen; gestielte runde Blätter; trichterförmige, gespornte Blüten, gelb, orange oder rot.

Pflege: Aussaat ab März auf der Fensterbank, im Mai auch Direktsaat im Freien möglich; ideal für Kübel und Kästen; mäßig düngen; Blattläuse mit scharfem Wasserstrahl abspritzen oder stark befallene Triebe abschneiden.

Sorten: 'Princess of India' – kompakter Wuchs, Blüte tiefrot; 'Strawberry Ice' – ideal als Bodendecker, gelbe Blütenblätter mit rotem Punkt; 'Tom Thumb' – klein bleibende Pflanze, verschiedene Blütenfarben.

Adressen, die Ihnen weiterhelfen

Grills, Outdoorküchen, Zubehör (Hersteller)

Garpa
Garten & Park Einrichtungen GmbH
Kiehnwiese 1
21039 Escheburg bei Hamburg
Tel.: 0 41 52 / 92 52 00
www.garpa.de

LANDMANN Holding GmbH & Co. KG
Am Binnenfeld 3–5
27711 Osterholz-Scharmbeck
Tel.: 04 79 / 13 08-0
www.landmann.de

Manufactum GmbH & Co. KG
Hiberniastraße 5
45731 Waltrop
Tel.: 02 30 / 99 39 00
www.manufactum.de

Bauholz design a.r.t. GmbH
Sudmühlenstraße 167
48157 Münster
Tel.: 02 51 / 2 84 17 86
www.bauholzdesign.com
Evasolo

Eva Denmark GmbH
Schloßstraße 43–45
56068 Koblenz
Tel.: 02 61 / 2 93 57 20
www.evadenmark.com

Enders Colsman AG
Brauck 1
58791 Werdohl
Tel.: 0 23 92 / 97 82 30
www.enders-colsman.de

OUTDOORCHEF Deutschland GmbH
Ochsenmattstraße 10
79618 Rheinfelden
Tel.: 0 76 23 / 74 19 00
www.outdoorchef.de

THÜROS® GmbH
Bahnhofstr. 55
99887 Georgenthal,
Tel.: 03 62 53 / 36 60
www.thueros.de

Dänemark:

Dancook (Kriswell A/S)
Knudstrupvej 10C
Laurbjerg
DK-8870 Langå
Tel.: +45 5 87 / 73 60 00
www.dancook.dk

Niederlande:

Newtrend Trading Company B.V.
Ambachtweg 75
NL-5731 AE Mierlo
Tel.: +31 6 38 92 / 95 39
www.luxius.de

Österreich:

VITEO Design Möbel GmbH
Murecker Str. 27
A-8472 Strass
Tel.: +43 34 53 / 2 06 62
www.viteo.at

Grills, Outdoorküchen, Zubehör (Händler)

Globetrotter Ausrüstung
Denart & Lechhart GmbH
Bargkoppelstieg 10–14
22145 Hamburg
Tel.: 0 40 / 6 79 66-179
www.globetrotter.de

Gerd Jöns
Süderstraße 14
24855 Jübeck
Tel.: 0 46 25 / 76 49
www.grillbrikett.de
www.feen-garten.de
(Grillbriketts, Tischgrill etc., Bild S. 65)

Sabrina Gebbe Grillarena
Weibeckerstraße 13
31840 Hess. Oldendorf
Tel.: 0 51 52 / 97 70 52
www.amgrill.de

Muenkel.eu GmbH
Rhönstraße 5
36132 Eiterfeld-Großentaft
www.muenkel.eu
(Vertrieb von outstanding, Big Green Egg,
beefEater, farmergrill etc.)

Weststyle GmbH
Robert-Bosch-Str. 18
63584 Gründau
Tel.: 0 60 51 / 91 64 70
www.weststyle.de

IKEA Deutschland GmbH & Co. KG
Am Wandersmann 2–4
65719 Hofheim-Wallau
Tel.: 01 80 / 5 35 34 35
www.ikea.com

Barbequer®
Herrenlandweg 6
73779 Deizisau
Tel.: 0 71 53 / 7 23 40
www.bbq1.de

Grillfürst
www.grillfuerst.de
(online-Grillshop verschiedener Hersteller)

Gartenzubehör, Gemüse und Kräuter

Samenfachversand.de
Kirchdorferstraße 177
26605 Aurich
Tel.: 0 49 41 / 99 89 35
www.samenfachversand.de

Rühlemann's Kräuter & Duftpflanzen
Auf dem Berg 2
27367 Horstedt
Tel.: 0 42 88 / 92 85 58
www.ruehlemanns-shop.de

Thompson & Morgan
Postfach 1069
36243 Niederaula
Tel.: 08 00 / 1 83 07 88
www.thompson-morgan.de

Bruno Nebelung GmbH & Co.
Freckenhorster Str. 32
48351 Everswinkel
Tel.: 0 25 82 / 6 70-0
www.kiepenkerl.de

Das Einhorn im Garten
Lauterbachstraße 10
80997 München
Tel.: 089 / 14 08 91 74
www.dasEinhornimGarten.de
(faltbare Salatkörbe, siehe Seite 112/113)

N.L. Chrestensen
Witterdaer Weg 6
99092 Erfurt
Tel.: 03 61 / 2 24 50
www.gartenversandhaus.de

Informationen

DIY Acadamy e. V.
An der Rechtschule 1–3
50667 Köln
Tel.: 02 21 / 27 75 95 16
www.diy-academy.eu
(Bauanleitungen und Informationen
für Heimwerker)

Hinweis: Die Rezepte, die Sie in diesem Buch finden, wurden mit dem Gasgrill Paris 570 von OUTDOORCHEF vorab getestet und ausprobiert.

Stichwortverzeichnis

Stichwörter mit * verweisen auf Abbildungen.

Über die Autorin

Der Garten und die Liebe zu den Pflanzen liegen der bekannten Fach-Journalistin **Dorothée Waechter** am Herzen. Als Staudengärtnerin, Gartenbau-Ingenieurin und Gartenbesitzerin hat sie viele Erfahrungen gesammelt, die die Basis für ihre Ratgeber bilden. Der Garten und der Balkon gehören neben dem Schreibtisch zu ihren Arbeitsplätzen. Sie tritt regelmäßig im ARD Morgenmagazin als Gartenexpertin auf und ist als freie Journalistin für diverse Gartenzeitschriften tätig. Bei BLV sind von der Autorin unter anderem die Titel »Formschnitt«, »Welche Pflanze passt auf meinen Balkon?«, »Balkon- und Terrassen-Träume« und »Schöne Gärten für Ungeduldige« erschienen. Als Sprecherin der Gesellschaft zur Förderung der Gartenkultur e. V., NRW, setzt sich die leidenschaftliche Gärtnerin ehrenamtlich für den Erhalt von historischen Grünanlagen im öffentlichen Raum ein.

Bibliografische Information der Deutschen Nationalbibliothek
Die Deutsche Nationalbibliothek verzeichnet diese Publikation in der Deutschen Nationalbibliografie; detaillierte bibliografische Daten sind im Internet über http://dnb.d-nb.de abrufbar.

BLV Buchverlag GmbH & Co. KG

80797 München

© 2010 BLV Buchverlag GmbH & Co. KG, München

Bildnachweis
Balk Stefan-Fotolia.com 82; Bogdanski Silvia-Fotolia.com 93; Borstell 15, 116; Buckley Jonathan/www.gardencollection.com 12; Dalsgaard 31o, 31m, 31u, 32–35; Digitalpress – Fotolia.com 101; Eddison Liz/www.gardencollection.com 40; INSIDE/Stockfood 23u; Inter IKEA Systems B.V. 23o, 59o, 59u; Jahreszeiten Verlag/Chris Lambertsen 37; Jahreszeiten Verlag/Christian Bordes 48–55; Jahreszeiten Verlag/J. Brettschneider 24; Klikk – Fotolia.com 64; LianeM-Fotolia.com 100; LVDESIGN-Fotolia.com 98; MMGI/Marianne Majerus, design: Charlotte Rowe ; MMGI/Marianne Majerus, design: Declan Buckley 4, 8, 26, 56; MMGI/Marianne Majerus, design: Patricia Fox 38, 57; MMGI/Marianne Majerus, design: Philip Osman 22; MMGI/Marianne Majerus, design: Randle Siddeley Associates 11; MMGI/Marianne Majerus, design: Susanne Blair 21u; MMGI/Steve Gunther, design: Sandy Koepke 1; Openlens-Fotolia.com 70; Redeleit 29, 106; Reinhard 110, 122u, 123; Rogers 65u; Selbst ist der Mann 42–47; Stein 108, 109, 115, 117; StockFood.com/Cazals J. 105; StockFood.com/Deimling-Ostrinsky Achim 92; StockFood.com/Dowey, Nicki Ltd. 97; StockFood.com/Foodcollection 95; StockFood.com/Gabula Art-Foto 104; StockFood.com/Kaktusfactory, Ninprapha Lippert 91; StockFood.com/Schwarzwald Oliver 103; Strauß 2/3, 5, 6, 17, 20, 21o, 25, 27, 30, 39, 41, 58, 61, 73, 87, 88, 111, 114, 118, 121, 122o; Svenja98-Fotolia.com 94; Timmermann 13, 119; Waechter 76, 77l, 85u, 102, 112/113; www.diy-academy.eu 66–69; www.joda.de 19o, 19m, 19u; www.klostermann-beton.de 21m; www.landmann.com 62, 65o, 83; www.outdoorchef.de 75u, 84, 85o, 96, 99; www.StudioLivingArt.de 78–81; www.weber-grill.de 10, 71, 72, 74, 75o, 77r

Grafik: Living Art/Entwurf A. Kornacka: S. 79o

Umschlagfotos: Vorderseite: Friedrich Strauss; Rückseite: Jahreszeiten Verlag/Christian Bordes

Lektorat: Dr. Thomas Hagen, Dr. Eva Dempewolf
Herstellung: Ruth Bost
Satz und Layout: Uhl + Massopust GmbH, Aalen

Gedruckt auf chlorfrei gebleichtem Papier

Printed in Germany
ISBN 978-3-8354-0684-1

Inspirationen für den Garten: Stile, Gestaltungen & Accessoires

Margareta Diedrichs
707 Ideen für den Garten
Ideal für alle, die gerade ihren Garten planen oder neue Akzente setzen wollen:
707 herrlich vielfältige Ideen, die den Garten verschönern: Bodenbeläge,
Pflanzen, Licht, Wasser, Möbel, Gefäße, Wege, Deko usw. · 12 konkrete
Gestaltungen für Mottogärten – vom Garten der Ruhe bis zum Pool-Garten.
ISBN 978-3-8354-0717-6

Bücher fürs Leben.